CÓMO FORMAR BUENOS HÁBITOS

Y ROMPER MALOS HÁBITOS

OTROS LIBROS POR JOYCE MEYER EN ESPAÑOL

El campo de batalla de la mente (sobre tres millones de ejemplares vendidos)

El campo de batalla de la mente para jóvenes*

El campo de batalla de la mente para niños*

Hazte un favor a ti mismo…Perdona

Pensamientos de poder

Vive por encima de tus sentimientos

Come la galleta….Compra los zapatos

Tienes que atreverte*

Mujer segura de sí misma*

Luzca estupenda, siéntase fabulosa*

Adicción a la aprobación*

La revolución de amor

Una vida sin conflictos*

De mujer a mujer*

Las siete cosas que te roban el gozo

El poder secreto para declarar la Palabra de Dios*

Cambia tus palabras, cambia tu vida

Cómo oír a Dios*

Conozca a Dios íntimamente*

Disfrute donde está camino a donde va*

No se afane por nada*

La batalla es del Señor*

El desarrollo de un líder*

Ayúdenme, siento depresión*

Ayúdenme, siento preocupación*

Ayúdenme, siento miedo*

Ayúdenme, siento desánimo*

Ayúdenme, siento soledad*

Ayúdenme, siento inseguridad*

Ayúdenme, siento estrés*

DEVOCIONALES

Termina bien tu día

Empezando tu día bien

*Disponibles en español por Casa Creación

JOYCE MEYER

CÓMO FORMAR BUENOS HÁBITOS

Y ROMPER MALOS HÁBITOS

14 NUEVAS CONDUCTAS
QUE VIGORIZARÁN
SU VIDA

FaithWords

New York • Boston • Nashville

FaithWords
Hachette Book Group
237 Park Avenue
New York, NY 10017
www.faithwords.com

Impreso en los Estados Unidos de América

RRD-C

Primera edición: Abril 2013
10 9 8 7 6 5 4 3 2 1

FaithWords es una división de Hachette Book Group, Inc.
El nombre y el logotipo de FaithWords es una marca
registrada de Hachette Book Group, Inc.

El Hachette Speakers Bureau ofrece una amplia gama de
autores para eventos y charlas. Para más información, vaya a
www.hachettespeakersbureau.com o llame al (866) 376-6591.

International Standard Book Number: 978-1-4555-4462-2

ÍNDICE

	Introducción	vii
1.	La anatomía de un hábito	1
2.	¡Comience ahora!	11
3.	Conducta 1: El hábito Dios	23
4.	Conducta 2: Cómo romper malos hábitos	37
5.	Pensamientos, palabras y hábitos	49
6.	Conducta 3: El hábito de ser decisivo	59
7.	Conducta 4: Hábitos saludables	71
8.	Conducta 5: El hábito felicidad	85
9.	Conducta 6: El hábito de la fe	97
10.	Conducta 7: El hábito de la excelencia	109
11.	Conducta 8: El hábito de ser responsable	123
12.	Conducta 9: El hábito de la generosidad	135
13.	Conducta 10: El hábito de la prisa	145
14.	Conducta 11: Hábitos emocionales	155
15.	Conducta 12: El hábito de la confianza	167
16.	Conducta 13: El hábito de añadir valor a otros	177
17.	Conducta 14: El hábito de la disciplina	187
	Resumen	197

INTRODUCCIÓN

Todos tenemos hábitos. Algunos de ellos son buenos y algunos son malos. Los buenos nos benefician y añaden gozo y poder a nuestras vidas, mientras que los malos no hacen otra cosa sino robar nuestra paz y gozo y evitar nuestro éxito. Un hábito es algo que hacemos sin ni siquiera pensarlo; es nuestro modo de conducta usual, un patrón de conducta adquirido mediante la repetición frecuente. He leído que hasta el 40 por ciento de todo lo que hacemos se hace meramente por hábito.

Si está usted leyendo este libro, probablemente sea porque ha formado el hábito de leer frecuentemente. Otras personas que necesitan desesperadamente la información contenida en este libro no la obtendrán simplemente porque no han formado el hábito de la lectura. Probablemente digan: "Aborrezco leer". Si usted dice repetidamente que aborrece una cosa, solamente hace que sea más difícil hacerla, y es menos agradable.

Los buenos hábitos pueden ser desarrollados, y cualquier mal hábito puede ser roto mediante la repetición. Los expertos dicen que un hábito puede formarse o romperse en treinta días, de modo que le invito a probarlo y cambiar su vida al cambiar sus hábitos. Al principio puede que sea difícil, pero la dirigencia y la paciencia finalmente le harán tener éxito. Una de las razones por las que no desarrollamos los buenos hábitos que decimos que queremos es porque vivimos en una cultura de gratificación instantánea. Queremos todo *ahora* y no nos damos cuenta de que muchas de las cosas buenas que queremos y necesitamos no se obtienen solamente porque las queramos. Los buenos hábitos llegan a quienes son persistentes y se niegan a abandonar.

Vince Lombardi dijo: "Ganar es un hábito; desgraciadamente, también lo es perder". Él también dijo: "Cuando uno aprende a rendirse, eso se convierte en un hábito". Tome la decisión en este momento de que puede ganar y será un ganador con respecto a formar cualquier buen hábito que quiera usted formar y a romper cualquier mal hábito que quiera usted romper.

Nunca comience un proyecto con duda y temor a no tener éxito. Comience este libro con la sencilla creencia de que usted puede cambiar. Con la ayuda de Dios, puede formar buenos hábitos y romper otros malos. Puede llegar a ser una mejor persona al desarrollar mejores hábitos.

Recientemente, la revista *Real Simple* preguntó a sus lectores qué hábitos querían romper. ¡La lista de respuestas fue inmensa! Entre ellas estaban:

- Adicción al teléfono celular

- Escuchar disimuladamente

- Nunca terminar los proyectos

- Morderse las uñas

- Comprar como entretenimiento

- Desorden

- Autocrítica

- Ver demasiada televisión

- Pulsar el botón de repetición en el despertador

- Conducir demasiado rápido

Ahora imagine intentar romper todos esos hábitos de una sola vez. ¿Cree que tendrá éxito? Puedo asegurarle con bastante certeza que no lo tendrá. Estará demasiado abrumado. Además, se necesita concentración y esfuerzo para romper un hábito, y cuanto más antiguo sea el hábito, más arraigado está. Por tanto, la primera clave es escoger un único hábito que usted quiera vencer. Si comienza a trabajar para conquistar un hábito más pequeño, tomará menos tiempo conquistarlo que otro mayor. Comience con lo pequeño. Su victoria le alentará a abordar otro hábito, uno que quizá sea un poco más difícil de romper. Esa victoria le dará más entusiasmo y resolución para romper el siguiente.

> *Hábito es hábito, y ningún hombre ha de lanzarlo por la ventana, sino convencerle para que baje las escaleras peldaño a peldaño.*
>
> *Mark Twain*

Haga una lista de todos los hábitos que usted quiere formar y todos los que quiere romper. Ahora **escoja uno** y utilice los principios que hay en este libro para ayudarle a hacer lo que quiere hacer, y para dejar de hacer lo que no quiere hacer. Si usted se enfoca, uno a uno, en los hábitos que quiera formar, finalmente se convertirán en una segunda naturaleza. Si se enfoca, uno a uno, en los que quiere romper, finalmente los conquistará todos. Pero si los mira a todos a la vez, probablemente se sentirá abrumado y será derrotado incluso antes de comenzar. Trabajar hacia un cambio es mucho más fácil si tomamos una sola cosa, día a día, y seguimos en ella hasta que experimentemos un avance. Nunca se desaliente con usted mismo porque no ha llegado al éxito, sino en cambio alégrese de que está avanzando hacia ello. El desánimo solamente atacará la fortaleza que usted necesita, y que tiene, para finalmente tener éxito.

Debo admitir que estoy muy emocionada por mí misma como escritora y por usted como lector porque sé que ambos nos beneficiaremos de este libro. Tengo muchas ganas de formar mejores hábitos, y es mi oración que usted también las tenga. Meramente la lectura de este libro no le dará el éxito que usted desea, pero le dará las herramientas que necesita, y es de esperar que encienda en usted una pasión por el cambio. Y la pasión es como el combustible de un jet: cuando la tiene, ¡no habrá modo de detenerle!

CAPÍTULO
1

La anatomía de un hábito

Los hábitos son cosas que aprendemos a hacer mediante la repetición y que finalmente hacemos ya sea inconscientemente o con muy poco esfuerzo. Primero formamos hábitos y después ellos nos forman a nosotros. Somos lo que hacemos repetidamente. No se engañe al pensar que usted sencillamente no puede evitar lo que hace, porque lo cierto es que puede hacer o no hacer cualquier cosa si realmente lo quiere. Al menos puede hacer cualquier cosa que sea la voluntad de Dios, y esas son las cosas de las que hablaremos en este libro.

He aprendido que concentrarme en las cosas buenas que quiero y que necesito hacer me ayuda a vencer las cosas malas que no quiero hacer. La Biblia dice en Romanos 12:21 que vencemos el mal con el bien. Yo creo que ese debería ser uno de nuestros versículos fundamentales para este libro y para el viaje en que nos estamos embarcando. El otro versículo que quiero que usted recuerde a medida que trabaja hacia su meta se encuentra en Gálatas.

> *Así que les digo: Vivan por el Espíritu, y no seguirán los deseos de la naturaleza pecaminosa.*
>
> *Gálatas 5:16*

Concentrarse en las cosas malas que usted hace nunca le ayudará a hacer las cosas buenas que desea hacer. Esta es una verdad bíblica muy importante. El bien tiene más poder que el mal. La oscuridad es tragada en luz, y la muerte es vencida por la vida. Cualquier cosa que Dios ofrece es siempre más poderosa que lo que Satanás desea para nosotros. El diablo quiere que tengamos malos hábitos, pero el deseo de Dios es que sigamos al Espíritu Santo y le permitamos conducirnos a la buena vida que Jesús murió para que la disfrutáramos. Y una buena vida es una vida con buenos hábitos.

Uno de los ingredientes de formar buenos hábitos y romper malos hábitos es enfocarse en lo que usted quiere hacer y no en lo que quiere dejar de hacer. Por ejemplo, si usted come en exceso y quiere formar hábitos alimenticios equilibrados y saludables, ¡no piense en la comida todo el tiempo! No lea libros de cocina que están llenos de hermosos postres que hacen la boca agua, sino en cambio lea un buen libro sobre nutrición que le educará con respecto a cómo elegir mejor. Permanezca ocupado haciendo cosas que mantendrán su mente alejada de la comida.

Si quiere formar el hábito de hacer ejercicio regular, no piense y hable sobre lo difícil que es, sino piense en los resultados que tendrá si es persistente. Sí, tendrá que invertir tiempo que puede que usted crea que no tiene, y sí, al principio sentirá bastante dolor. Cuando yo comencé por primera vez a hacer ejercicio con una entrenadora personal en 2006 a la edad de sesenta y cuatro años, tenía tanto dolor muscular que realmente me sentía como si estuviera enferma. Y seguí teniendo dolores musculares durante lo que me parecieron como dos años. Sinceramente, todo el tiempo tenía dolor en algún músculo. Finalmente llegué al punto en que disfrutaba del sentimiento porque sabía que eso significaba que estaba haciendo progreso.

Si quiere usted salir de la deuda, no piense y hable de todas las cosas que no podrá hacer y todas las cosas de las que tendrá que prescindir mientras esté pagando todas sus facturas. En lugar de pensar en el lado negativo de su meta, piense y hable de lo maravilloso que será ser libre de la tiranía de una deuda abrumadora.

Somos motivados por la recompensa, de modo que si usted desea con ganas la recompensa, tendrá el impulso que necesita para seguir adelante hacia su meta. No se derrote a usted mismo antes incluso de comenzar fijando su mente en las cosas equivocadas. Donde va la mente, allí sigue la persona, de modo que asegúrese de que sus pensamientos estén en lo que usted quiere en lugar de estar en lo que no quiere.

Repetición

La repetición es la clave para formar hábitos, ya sean buenos o malos. Cuando trabaja hacia formar un buen hábito, puede que tenga que dejar notas para usted mismo, para recordarse hacer las buenas cosas que desea. Pida al Espíritu Santo también que se lo recuerde. La Biblia dice que Él nos recordará todas las cosas cuando lo necesitemos (Juan 14:26).

Mi hija Sandra necesita palabras de aliento. Es su lenguaje del amor, lo cual significa que ella se siente querida cuando las personas le alientan. Su esposo, Steve, no "habla ese lenguaje", de modo que en el principio de su matrimonio, no se le ocurría alentar a Sandra verbalmente. Después de varios episodios llenos de lágrimas y de que ella le dijera varias veces lo importante que eso era para ella, él comenzó a dejar notas en su calendario para recordarle que le alentase y le dijese elogios. ¡Fin del problema! A veces, un sencillo mecanismo como los recordatorios automáticos es la mejor manera de comenzar a crear un nuevo hábito.

Un hombre compartió que llevó una goma elástica en su muñeca durante un año, y cada vez que se agarraba a él mismo mordiéndose las uñas, estiraba de la goma para que le golpease y le recordase que dejase de morderse las uñas. Finalmente funcionó. Algunas personas ponen un líquido de sabor amargo sobre sus uñas. Cuando comienzan a morderlas de modo subconsciente, el mal gusto les recuerda que dejen de hacerlo.

Los malos hábitos en nuestras vidas son nuestros enemigos porque evitan que seamos la persona que queremos ser. Cuando un enemigo intenta destruirle, usted no puede mostrar misericordia a ese enemigo. Dios estaba guiando a los israelitas para poseer la tierra que Él les había prometido, al igual que nos guía a nosotros a la buena vida que Él nos ha prometido. Muchas naciones enemigas llegaban contra ellos, al igual que el diablo está contra nosotros. Dios les dijo a los israelitas que destruyeran por completo a las naciones enemigas y que no hicieran ningún pacto con ellas ni les mostrasen misericordia, y nosotros debemos hacer lo mismo con los malos hábitos que tenemos y que están robando nuestro destino (Deuteronomio 7:1-2). Trate los malos hábitos de modo implacable y sin misericordia. Encuentre maneras de ayudarse usted mismo a hacer las cosas buenas que verdaderamente quiere hacer.

No deje de entender que los malos hábitos roban el destino que Dios ha ordenado de antemano para usted. No piense: "Ah, es sólo un mal hábito, no es gran cosa". Si piensa así, es más que probable que nunca trate ese hábito. En cambio, dígase: "Este mal hábito es mi enemigo. Está robando la calidad de vida que Jesús quiere que yo tenga, y no voy a permitirle que se quede en mi vida".

Theresa tenía el mal hábito de pulsar el botón de repetición en su despertador demasiadas veces, y regularmente llegaba tarde al trabajo. Ella tenía que romper este hábito o es probable que perdiera su empleo, así que situó el despertador al otro lado del cuarto para obligarse a sí misma a salir de la cama para detenerlo. Incluso dio un paso más al poner las sábanas y las mantas en la parte de arriba del colchón para recordarse a sí misma no volver a meterse en la cama. Al hacer esas cosas, Theresa estaba tratando agresivamente no sólo su mal hábito sino también a su enemigo.

El esposo de Rhonda bebía varios vasos de leche entera cada día. Ella estaba preocupada por su ingesta de grasa y de colesterol, de modo que gradualmente fue añadiendo leche desnatada al cartón de leche entera, hasta que finalmente su esposo bebía leche desnatada. Él ahora dice que la leche entera le sabe rara. Esto demuestra el modo en que podemos gradualmente acostumbrarnos a algo que es mejor para nosotros y ni siquiera extrañar lo que anteriormente hacíamos que no era bueno para nosotros.

Carolyn tenía el mal hábito de comerse tarros de glaseado de crema de mantequilla. Se sentaba a ver la televisión mientras se lo comía a cucharadas: sin pastel. En una tarde consumía 3.380 calorías de puro azúcar. Ella sabía que era un hábito muy malo y también muy poco saludable, de modo que tomó serias medidas para detenerlo. Pidió a su esposo que lo tirase a la basura si ella llevaba a su casa un tarro de glaseado de la tienda; pero eso no funcionó porque ella sencillamente buscaba entre la basura y lo volvía a sacar. Finalmente le pidió que vaciase el tarro y lo llenase de líquido para lavar los platos. Ella ya no sigue comiendo tarros de glaseado.

Reprogramarse a usted mismo

Es sorprendente lo poderosa que es su mente subconsciente. Cada vez que usted hace algo, su subconsciente lo programa en su cerebro. Cuanto más lo hace, más arraigado se vuelve el programa. Me he sorprendido de lo difícil que resulta para mí hacer un nuevo ejercicio y de lo mucho más fácil que se vuelve cada vez que lo hago. Mi entrenadora me dijo que no se debe a que yo sea demasiado débil para hacer el nuevo ejercicio, sino a que mis células tienen que acostumbrarse a hacerlo. Cada vez que hago un nuevo ejercicio, mis células lo recuerdan y es más fácil la siguiente vez. Dios nos ha creado de manera increíble, y nos ha capacitado para ser personas excelentes simplemente mediante hacer las mejores cosas una y otra vez hasta que lleguen a ser parte de quiénes somos.

Yo tengo el mal hábito de lanzar mis brochas de maquillaje a un cajón después de utilizarlas. Cuando me pongo mi maquillaje al día siguiente, me frustro porque parece que nunca puedo encontrar la brocha que quiero. Por tanto, estoy en el proceso de formar un nuevo hábito en este momento. A fin de hacerlo, he tenido que disminuir el ritmo y fijar mi mente en lo que estoy haciendo. Ahora, cuando utilizo las brochas, tomo tiempo para ponerlas donde sé que estarán al día siguiente. Lo he estado haciendo solamente tres días, pero al final de tres o cuatro semanas será un hábito, y no tendré que realizar el mismo esfuerzo que tengo que hacer ahora para recordarlo. Creo que muchos de nuestros malos hábitos son sencillamente el resultado de tener demasiada prisa para hacer una cosa bien, en un principio.

Algunas personas nunca prestan atención a lo que están haciendo, de modo que casi nunca saben dónde está algo cuando lo necesitan. Este tipo de desorganización causa mucha frustración, estrés, y se malgasta una gran cantidad de precioso tiempo. Mediante la repetición, puede usted llegar a ser organizado en cualquier área que necesite. Recuerde: aunque sea difícil al principio, se volverá más fácil con el tiempo. Disminuya el ritmo, respire y realmente tome tiempo para pensar en lo que está haciendo.

Charles Dickens dijo: "Nunca podría haber hecho lo que he hecho sin los hábitos de puntualidad, orden y diligencia, sin la determinación de concentrarme en un único tema cada vez". Dios le había dado un don tremendo para relatar historias, pero aun así él tuvo que formar buenos hábitos de concentración, orden y diligencia para ser un buen administrador de su talento.

Muchas personas tienen talento pero no se molestan en formar buenos hábitos. No se disciplinan a sí mismas para hacer lo que saben que deberían hacer, sino en cambio esperan a ser movidas por alguna fuerza exterior. Eso se llama pasividad, y es una inmensa puerta abierta para el diablo. Si no estamos haciendo activamente lo que es correcto, se vuelve muy fácil para el diablo conseguir que hagamos lo que es incorrecto.

Sea activo

La Palabra de Dios nos alienta a que seamos activos, y al ser activos cerramos la puerta a la pereza, a posponer las cosas y a la pasividad. Recuerde: si hacemos lo correcto, no habrá lugar alguno para lo incorrecto. No se enfoque meramente en romper todos sus malos hábitos, sino en cambio utilice su energía para formar activamente buenos hábitos. Pronto descubrirá que no hay lugar alguno en su vida para los malos hábitos.

No espere a "tener ganas" de hacer una cosa para hacerla. Viva por decisión, y no por emoción. Yo he aprendido por experiencia que cuanto más me quedo sentada sin hacer nada, más quiero quedarme sentada sin hacer nada, pero si me levanto y me muevo, entonces comienza a fluir la energía. La actividad es como encender un interruptor. La electricidad está ahí todo el tiempo, pero no se pone en marcha hasta que usted enciende el interruptor. Siempre tenemos la capacidad de ser activos, pero no fluye ninguna energía hasta que realmente comenzamos a movernos.Hay mañanas en que me siento perezosa y como si pudiera simplemente quedarme sentada en una silla todo el día, pero he aprendido que después de mi rutina de ejercicio, me siento con energía y eso ayuda a motivarme para hacerlo. Si usted se siente perezoso, pruebe a dar un paseo o hacer algún otro tipo de actividad que mantenga su sangre en circulación. No espere a tener ganas; sencillamente hágalo. Usted es más poderoso de lo que puede que piense. Dios le ha dado libre albedrío, y eso significa que puede usted decir y hacer lo correcto y nada puede detenerle. Cuando decidimos en favor de los caminos de Dios, Él siempre une fuerzas con nosotros para asegurar la victoria.

Al concluir este capítulo, escoja un hábito que quiera formar y comience a poner en práctica estos principios. Sea paciente con usted mismo. Se necesita tiempo para crear hábitos, y puede que no tenga éxito cada día. Si se da cuenta de que ha fallado, no desperdicie tiempo estando desalentado; sencillamente agarre desde donde lo dejó y comience de nuevo. Sea amable con usted mismo, porque castigarse por cada error es otro mal hábito que necesita ser roto.

CAPÍTULO
2

¡Comience ahora!

*Un viaje de mil kilómetros
comienza con un solo paso.*
Lao-Tzu

El mayor ladrón del éxito es la postergación. Podemos pensar en hacer lo correcto, planear hacerlo y hablar acerca de hacerlo, pero nada cambia en nuestras vidas hasta que comencemos regularmente a hacer lo que necesitamos hacer. Quizá tenga usted tantos malos hábitos que se siente abrumado, y ni siquiera está seguro de querer leer el resto de este libro. Le gustaría *tener* cambio, pero no está seguro de querer *cambiar*. Alguien dijo: "Los malos hábitos son como una cómoda cama: es fácil meterse en ella pero difícil salir de ella". Bruce Barton dijo: "Qué fenómeno tan curioso es que se puede conseguir que hombres mueran por la libertad del mundo pero no harán el pequeño sacrificio que es necesario para liberarse a sí mismos de su propia esclavitud individual".

¿Está usted dispuesto a sacrificarse y hacer lo más difícil ahora a fin de disfrutar una vida de libertad más adelante? La ironía es que con frecuencia no estamos dispuestos a sufrir durante un breve periodo simplemente para hacer lo que hay que hacer; entonces terminamos con continua desgracia, temor, culpabilidad, y los castigos de haber dejado para otro momento algo que habría tomado unos cuantos minutos o unas cuantas horas para hacerse. En otras palabras, al postergar el "dolor" de hacer algo difícil, con frecuencia empleamos mucho *más* tiempo evitándolo del que nos tomaría sencillamente hacerlo.

Para mí, nada se siente mejor que saber que estoy haciendo todo lo que puedo, estoy tomando las mejores decisiones que puedo tomar, y estoy haciendo progreso regularmente hacia la mejor vida que Dios tiene para mí. Ser mediocre no siento que sea algo bueno, y dudo de que usted crea que lo es. Puede que se haya acostumbrado a ello y haya olvidado que hay algo mejor, pero esta es una llamada de atención a que se levante y sea todo lo que puede usted ser. ¡El mejor momento para comenzar es ahora!

Podemos volvernos muy adictos a nuestros pequeños hábitos, y puede resultarnos difícil renunciar a ellos incluso si nos están haciendo daño. Todos tenemos buenos y malos hábitos, pero Benjamin Franklin dijo: "Su valor neto para el mundo normalmente está determinado por lo que queda después de que sus malos hábitos sean restados de sus buenos hábitos". Comience en este momento a formar todos los buenos hábitos que pueda. Pronto sobrepasarán a los malos, y el valor que tiene para usted mismo, para su familia, para sus amigos y para la sociedad aumentará de modo exponencial.

Derrotar la postergación

"El modo de comenzar es dejar de hablar y empezar a hacer."

Walt Disney

La postergación es muy engañosa. Nos hace complacientes al decirnos que *vamos a* hacer lo correcto, y justifica la inactividad. Una vez escuché una historia sobre tres demonios que se estaban graduando de su curso sobre cómo engañar a las personas en el mundo y evitar que conocieran a Dios. Satanás estaba cuestionando a cada demonio, y preguntaba a cada uno cómo engañaría a las personas. El primero respondió que les diría a las personas que no había ningún Dios. Satanás respondió: "No engañarás a muchos, porque la mayoría de personas en lo profundo de su interior sí creen que Dios existe incluso si han decidido no seguirle". El segundo demonio dijo que él les diría a las personas que el cielo y el infierno en realidad no existían. Satanás dijo: "Engañarás a algunos más que tu compañero de trabajo, pero tampoco convencerás a muchas almas". El tercer demonio dijo que él les diría a las personas que no había ninguna prisa, y que podrían postergar la decisión de seguir a Dios hasta otro momento. Satanás se emocionó y dijo con voz fuerte: "Tú conseguirás muchas almas para el reino de la oscuridad al decirles sencillamente que tomen la decisión más adelante". Nunca he olvidado esta historia aunque la escuché aproximadamente hace veinte años.

La postergación es un ladrón. Roba nuestro tiempo, nuestro potencial, nuestra autoestima, nuestra paz mental. Es como una canción de cuna que susurra: "Duérmete, niño; todo irá bien". Pero todo no irá bien si seguimos postergando lo que necesitamos hacer. ¡Y la tarea no se hará por sí sola! No llegará a ninguna parte. La postergación es muy engañosa, y sólo podemos conquistarla al llegar a ser lo que yo denomino una persona del "ahora". Sea agresivo cuando sepa que necesita hacer algo. No lo deje para después, y siga dejándolo para después… ¡simplemente hágalo!

Estoy sentada en mi dormitorio esta mañana trabajando en este libro. Hace algunos minutos miré mi cama, que seguía sin hacer. Me levanté para agarrar algo, y cuando pasé al lado de la cama pensé en hacerla, y entonces pensé: "Ah, lo haré después". Podría haber hecho eso, pero me conozco a mí misma lo bastante bien como para saber que durante todo el día me habría resultado desagradable mirar a esa cama sin hacer. Reconozco la importancia de hacer lo que necesito hacer en el momento, de modo que me sobrepuse a la postergación sencillamente al tomar unos minutos para hacer la cama. Ahora me siento mejor conmigo misma y con respecto a cómo se ve la habitación, y puedo regresar al trabajo.

Cuando postergamos las cosas, eso nos irrita. Puede que ni siquiera nos demos cuenta conscientemente, pero los proyectos no terminados nos presionan. Si va usted por su casa y ve que hay platos en el fregadero, ropa sucia en el piso, papeleras llenas a rebosar, camas sin hacer, cada encimera llena de montones de correo que hay que clasificar, siento la seguridad de que eso le presiona en cierta manera. Puede que incluso se ponga de mal humor y comience una discusión con alguna otra persona en la casa sólo porque se siente abrumado. Cuando encontramos fallos en otras personas, eso desvía nuestra atención de cómo nos sentimos con nosotros mismos. La postergación nunca nos hace sentirnos bien.

Si hay que cortar el césped, hay que quitar las malas hierbas, hay que lavar el auto y hay que cambiar el aceite, y el garaje está totalmente desorganizado, eso le presiona. Puede usted quejarse del desorden o puede dejar de postergar las cosas y emprender la acción, una cosa cada vez, para poner en orden su hogar. Dios es ciertamente un Dios de orden y organización. Algunos de los detalles registrados en la Biblia acerca de la construcción del Arca y del Templo sencillamente me resultan increíbles. Dios se aseguró de que todo se hiciera del modo más ordenado y mejor posible. El caos nos hace sentirnos confundidos, y Dios no es el autor de la confusión sino del orden y la paz (1 Corintios 14:33).

Quiero compartir con usted la historia de una mujer que tenía solamente un mal hábito. Ellen era una mujer cálida y generosa, muy inteligente y con mucho talento. Su esposo, sus hijos y sus nietos la adoraban; sus colegas en la escuela de primaria donde ella enseñaba se maravillaban de la buena relación que tenía con los niños pequeños en sus clases y su capacidad de impartirles el amor al aprendizaje. Ella estaba cerca de sus padres y valoraba sus muchas amistades. Ellen estaba tan ocupada manteniéndose al corriente de todas esas cosas que estaba muy poco en su casa, y cuando estaba allí, estaba agotada.

Un día después del trabajo, recogió el correo y solamente lo dejó en un montón sobre su escritorio. No tenía ganas de revisarlo en ese momento; podría esperar hasta el día siguiente. Ella tenía que terminar las calificaciones de sus alumnos para de ese año, lo cual requeriría algunas horas, pero tenía dos semanas antes de que llegase la fecha designada, así que decidió disfrutar de un tiempo de relax bien merecido y en cambio ver una película. Los nietos de Ellen iban a llegar para una visita de una semana durante las vacaciones de primavera, que comenzarían en unos cuantos días. La casa era un desastre, pero ella aún tenía el fin de semana para limpiar y preparar la visita. Ellen había prometido a su esposo que ella renovaría las matrículas de sus autos, lo cual debía hacer en unos pocos días. El recordatorio final estaba en el montón de correo que ella había dejado sobre el escritorio.

La noche siguiente, Ellen llegó a casa tan cansada como había estado la noche anterior; por tanto, dejó el correo de ese día sobre el escritorio y se dirigió a la cocina para preparar la cena. Después de haber cenado, la noche se esfumó mientras ella devolvía llamadas telefónicas de amigas y veía un rato de televisión. Un día se convirtió en otro... y mientras tanto, pequeñas cosas se amontonaban a la espera de la atención de Ellen.

No había ninguna razón importante para el hecho de que la vida de Ellen se volviese cada vez más difícil y más infeliz. Era sólo la culminación de muchas pequeñas tareas y responsabilidades que Ellen había postergado. Tareas como pagar las facturas a tiempo, limpiar la casa, ocuparse de las calificaciones de sus alumnos de modo preciso y a tiempo: ninguna de ellas grandes tareas.

Quizá pueda imaginar cómo va a terminar esta historia. Se amontonaron las facturas sin pagar; había suficiente dinero en la cuenta bancaria de la pareja para pagarlas, pero a Ellen sencillamente le disgustaba la tarea de pagar facturas. Finalmente, se amontonaron las multas, y al final la mayoría de sus tarjetas fueron revocadas por falta de pago. Ellen era una estupenda maestra, pero sus papeles siempre llegaban tarde. Cuando su escuela tuvo que hacer recortes en los maestros, Ellen fue la persona a quien despidieron. ¿Recuerda la matrícula de ese auto que Ellen debía renovar? Se le olvidó, y como resultado, ella y su esposo no pudieron llevar a sus nietos a la excursión que habían planeado… las matriculaciones suspendidas dejaron a sus autos en el garaje aquella semana.

Ellen solamente tenía un mal hábito; pero ese único hábito de postergar las cosas creó tantos pequeños problemas que finalmente se amontonaron para causar grandes problemas.

Usted puede formar el hábito de ser una persona del "ahora", una persona que hace lo que tiene que hacer en cuanto puede. Todas las personas verdaderamente exitosas tienen este hábito. No llegamos a ser exitosos postergando las cosas. A continuación hay algunas citas sobre la postergación que creo que son particularmente útiles:

- "La postergación es como una tarjeta de crédito: es muy divertido hasta que llega la factura". Christopher Parker

- "Hay muchas cosas que nos gustaría haber hecho ayer, y muy pocas que tenemos ganas de hacer hoy". Mignon McLaughlin

- "Si tiene usted metas y postergación, no tiene nada. Si tiene metas y emprender la acción, tendrá todo lo que quiera". Thomas J. vilord

- "La postergación es la secuestradora de almas, y el oficial reclutador del infierno". Edward Irving

- "La postergación es la semilla de la autodestrucción". Matthew Burton

- "Cuando hay una colina que subir, no crea que esperar hará que sea más pequeña". Anónimo

- "La postergación es suicidio en el plan de pago a cuotas". Anónimo

La fe vive en el presente

Como creyentes en Jesucristo, aprendemos que recibimos todo lo que necesitamos de parte de Dios mediante la fe. ¡Fe es ahora! Es confiar ahora en que Dios se ocupará del ayer y del mañana. Somos justificados y hechos rectos delante de Dios solamente por la fe; sin embargo, el apóstol Santiago nos dice que la fe sin obras está muerta.

> *Así también la fe por sí sola, si no tiene obras, está muerta.*
>
> Santiago 2:17

Probablemente haya miles y miles de personas que se consideran a sí mismas grandes personas de fe, y sin embargo postergan las cosas todo el tiempo. La postergación no es fe, porque la verdadera fe demanda acción. Es cierto que la fe a veces espera a que Dios obre, pero la mayoría de las veces debe emprender la acción para ser obediente cuando Dios habla.

No necesitamos esperar alguna palabra especial de Dios que nos diga qué hacer. En la Biblia, Dios ya nos ha dado la mayoría de la dirección que necesitaremos en nuestras vidas. Cuando yo observé mi cama sin hacer, no necesité una palabra especial de parte de Dios para saber que lo mejor sería hacerla. Lo único que quedaba era obedecer.

Me doy cuenta de que algunos puede que tengan serios

malos hábitos, y puede que usted esté pensando que mi ejemplo de la cama sin hacer es muy poco importante. Sin embargo, soy de la opinión de que si estamos dispuestos a obedecer y emprender la acción en el detalle más pequeño, tendremos menos problemas con los proyectos más grandes en la vida.

Permítame ofrecer alguna ayuda al utilizar ejemplos de mi vida en que la postergación causó inmensos problemas. Por ejemplo, yo tuve dolor de espalda por muchos años, pero no era tan grave que no pudiera seguir adelante cada día. Amigos y familiares me decían con frecuencia que tenía que ver a un médico o un quiropráctico, pero yo lo postergaba año tras año. Finalmente, una mañana fui incapaz de caminar cuando me levanté de la cama, y no tuve ninguna otra opción sino concertar una cita de emergencia con un quiropráctico. Mi espalda estaba inflamada, y tenía cierta degeneración discal. El dolor es una señal de que algo va mal y necesita atención, y cuando la ignoramos, solamente complicamos el problema. Si yo me hubiera ocupado de mi espalda y hubiera buscado ayuda profesional cuando el dolor surgió por primera vez, posiblemente podría haberme ahorrado a mí misma una gran cantidad de dolor y cientos de horas de tiempo empleadas en visitas al médico a lo largo de los años. Recuerde: la postergación es divertida hasta que se establece la realidad.

Recuerdo que un dentista me dijo una vez: "Necesitamos que usted comience a venir para realizarse una limpieza regular y revisiones de modo que pueda dejar de necesitar citas de emergencia porque tiene dolor". Él me recordó que la única vez que me veía era cuando yo tenía una emergencia, lo cual no era justo para él porque mi emergencia ponía presión en su calendario ya lleno. No sólo eso, sino que mi postergación me cobraba a mí misma un alto precio. Después de todo, es menos doloroso, y menos caro, rellenar una caries que tener que realizar cirugía oral.

Mi excusa para postergar las cosas era que yo estaba ocupada ¿le resulta eso familiar? Cuando nos negamos a utilizar nuestro tiempo para hacer las cosas que necesitamos hacer, siempre terminamos perdiendo tiempo ocupándonos de las emergencias y la confusión que hemos creado al posponer las cosas.

Espero que haya escogido un buen hábito que quiere formar y un mal hábito que quiere romper. ¡AHORA es el momento de comenzar! Mientras estoy escribiendo este libro, estamos en la época de Navidad y Año Nuevo, y he escuchado a varias personas declarar lo que van a hacer en cuanto terminen las vacaciones. Van a perder peso, van a comenzar un programa de ejercicios, van a organizar sus vidas, y otras cosas parecidas. Algunas puede que lo hagan, pero sinceramente ya sé que la mayoría de ellas no lo harán. Son personas que postergan las cosas, y quienes postergan las cosas hoy encontrarán una razón para hacerlo también mañana.

Yo comencé mi actual régimen de ejercicio el 23 de diciembre de 2006, y Dios me ha dado la gracia para continuar haciéndolo. Mi entrenadora dijo que tenía que comenzar el programa con veintiún días sin tomar nada de azúcar, y me dio una dieta específica que yo debía seguir y que estaba pensada para sacudir mi cuerpo y reiniciar mi metabolismo. Recuerdo que personas me preguntaban cómo es que comencé tal programa el día antes de Nochebuena. Lo hice porque pensé que si podía hacerlo durante el periodo más delicioso del año para comer, entonces seguramente podría hacerlo el resto del tiempo.

No es sabio esperar hasta un momento en que usted sienta que es cómodo comenzar cualquier tarea. El gran carácter no se desarrolla mediante la facilidad y la conveniencia, sino mediante hacer AHORA lo que hay que hacer a pesar de lo difícil que sea.

Emociónese por conquistar proyectos

Todos los que han recibido a Jesús como su Salvador y Señor tienen su Espíritu en ellos, y su Espíritu es el de un Conquistador. Jesús es un poderoso guerrero, y Él no nos ha llamado a ser espíritus pusilánimes. No tenga temor a nada, sino en cambio conquístelo. Cuanto más posterguemos algo y pensemos en ello, más convertimos lo que es realmente un grano de arena en una montaña. Cuando somos personas de acción, no damos tiempo al diablo para exagerar la realidad de lo que estamos afrontando. No tenga temor a formar y romper hábitos, sino emociónese por el desafío que tiene delante. Sinceramente, no quiero vivir sin metas, y cuando logro una, tengo muchas ganas de lograr la siguiente. No siempre me gusta el trabajo que conlleva, pero me encantan, me encantan los resultados y el sentimiento de conquista y logro. Creo que a usted también le gustará. He oído a personas decir: "Sencillamente postergo las cosas", como si eso fuese su identidad. Somos hijos de Dios, coherederos con Cristo, llenos del Espíritu Santo, ungidos por Dios, dotados, con talento, y capaces de hacer cualquier cosa que tengamos que hacer en la vida por medio de Cristo (Filipenses 4:13).

Si tiene la pequeña opinión de usted mismo como meramente alguien que posterga las cosas, es usted ciertamente lamentable. Le aliento a que tenga una nueva actitud, la de un guerrero y un conquistador. Tenga ganas de escalar montañas. ¡Caleb pidió un monte cuando tenía ochenta años! (véase Números 13). ¿Por qué no? Él sabía que mientras Dios estuviera con él, podría hacer grandes cosas.

¡Felicidades! Sigue usted leyendo, y eso significa que está de camino a formar buenos hábitos y romper malos hábitos. Escoja algo y comience hoy. Siga en ello hasta que tenga victoria, y entonces escoja otra cosa y repita el proceso. No se detenga hasta que haya desarrollado los hábitos que quiere tener.

CAPÍTULO
3

Conducta 1: El hábito Dios

Jesús salió de la ciudad y, como de cos-
tumbre, se dirigió al monte de los
Olivos, y sus discípulos lo siguieron.
Lucas 22:39

Jesús no tenía el hábito de ir al monte de los Olivos porque le gustase escalar montes. Iba allí para orar. Notemos que era su costumbre ir allí. Encontrará a lo largo de la Escritura que todos los grandes hombres y mujeres de Dios tenían hábitos similares. Todos ellos conocían la importancia de pasar tiempo con Dios. La Biblia dice que Enoc habitual-mente caminaba con Dios y "un día desapareció porque Dios se lo llevó" (Génesis 5:24). Aquí está un hombre que desarrolló una relación tan íntima con Dios que el mundo ya no pudo retenerlo. Enoc había desarrollado lo que yo deno-mino reverentemente el hábito Dios.

Jesús estaba a punto de entrar en uno de los periodos más difíciles de su vida en la tierra. El momento de su sufrimiento y muerte estaba cerca, y Él sabía que necesi-taba fuerzas y sabía dónde obtenerlas. Era su hábito, su respuesta automática no sólo en momentos de tribulación, pasar tiempo con su Padre celestial. Si es usted como era yo antes y sólo acude a Dios cuando tiene una emergencia, entonces puedo decirle que aunque no está enojado con usted, Dios no se agrada. ¿Qué le parecería si sus amigos o sus hijos sólo acudieran a usted o le hablaran cuando necesitasen su ayuda? No le gustaría en absoluto, y a Dios tampoco le gusta.

El hábito Dios es el primero del que quiero hablar, porque sin el hábito de pasar tiempo con Dios en oración y estudiando su Palabra seremos incapaces de desarrollar cualquier otro buen hábito, y los malos hábitos nos superarán y dominarán nuestras vidas. Buscar a Dios y pasar tiempo con Él es nuestra necesidad más vital.

El corazón me dice: «¡Busca su rostro!». Y yo, Señor,
tu rostro busco.

Salmos 27:8

La ayuda de Dios y su presencia en nuestras vidas es vital. Él es el Autor de todo éxito verdadero y de todo lo que es bueno, y sin Él no podemos hacer nada de verdadero valor. ¿Está tomando tiempo para pedir la ayuda de Dios antes de comenzar su día, de tomar decisiones o de emprender cualquier empresa? Desarrolle el hábito de reconocer a Dios en todos sus caminos, y entonces Él dirigirá sus pasos (Proverbios 3:6). Normalmente estamos acostumbrados a tomar nuestras propias decisiones e intentar en nuestras propias fuerzas hacer que sucedan cosas que nosotros queremos que sucedan, pero ese es verdaderamente un mal hábito que necesita ser roto. El hábito de reconocer a Dios en todos sus caminos puede que sea el hábito primero y más importante que usted debería desarrollar.

He conocido a algunas personas con una fuerza de voluntad muy fuerte y que han desarrollado algunos buenos hábitos mediante la disciplina, pero eso no significa que sean verdaderamente exitosas. Yo tengo una voluntad fuerte y ha sido un beneficio para mí, pero he aprendido que nuestra fuerza de voluntad nos lleva solamente hasta cierto lugar, y todos descubrimos tarde o temprano que necesitamos a Dios.

Administración del tiempo

Hicimos una pequeña encuesta en nuestra oficina de algunos de los hábitos que las personas quieren formar y romper, y justamente en lo alto de la lista estaba: "Quiero formar el hábito de pasar más tiempo con Dios". Todos tenemos la misma cantidad de tiempo cada día, pero algunas personas regularmente encuentran tiempo para pasarlo con Dios, y otras nunca lo tienen. Decir que no tenemos tiempo para pasarlo con Dios es simplemente una excusa. La verdad es que si pasamos tiempo con Dios, Él multiplicará lo que nos queda, como el muchacho que tenía los panes y los peces (Juan 6), y terminaremos con más tiempo del que hubiéramos tenido al dejar a Dios fuera de nuestro horario.

La verdad es que en este momento está usted tan cerca de Dios como quiera estarlo. Lo que sembramos, eso cosecharemos, y si queremos una cosecha grande, entonces simplemente necesitamos sembrar más semilla. Si queremos tener una relación más cercana con Dios, entonces necesitamos pasar más tiempo con Él.

Mi nieta, que tiene diez años, recientemente me preguntó cómo podía pasar más tiempo con Dios, ya que está muy ocupada con la escuela y todas sus actividades. Yo pensé que eso era realmente bonito. Ella piensa que ahora está ocupada; no puedo imaginar lo que ella pensará a medida que la vida realmente ruja plenamente para ella. Ella tiene un hábito muy malo de irritarse en las mañanas y quiere sobreponerse a eso, pero yo le dije que lo mejor que puede hacer es levantarse de la cama y pasar los cinco primeros minutos con Dios. Pensé que cinco minutos sería un buen lugar para que ella comenzase, y si usted no ha formado este hábito tan importante, podría ser un buen lugar para que también usted comenzase. Un pequeño comienzo es mejor que ningún comienzo.

Necesitamos a Dios, y no somos buenos para nada sin Él. Él dijo: "Me buscarán y me encontrarán" (Jeremías 29:13). Él está esperando a que nosotros clamemos a Él y hablemos con Él de todo aspecto de nuestra vida. Él quiere oírnos decir que le necesitamos, que le amamos, y que Él es una necesidad vital en nuestra vida.

Poner lo primero en primer lugar

¿Cómo podemos alguna vez esperar tener orden en nuestras vidas si no sabemos cómo poner lo más importante por delante de otras cosas? Yo intenté por muchos años meter a Dios en mi calendario, y el diablo se aseguró de que nunca encontrase el momento de hacerlo. Cada noche me sentía culpable porque una vez más no había pasado tiempo con Dios, y siempre me prometía a mí misma que el día siguiente sería distinto, pero tristemente era una repetición del día anterior. Yo tenía buenas intenciones, pero la postergación se llevaba lo mejor de mí. Yo siempre iba a pasar tiempo con Dios después de una cosa más de la que tenía que ocuparme.

No mucho funcionaba correctamente en mi vida o mi ministerio. Yo estaba frustrada la mayor parte del tiempo por una cosa o por otra, y sentía que cualquier progreso se hacía a paso de caracol. Estoy agradecida por poder decir que Dios finalmente me ayudó, y he aprendido a organizar mi horario en torno a Dios, quien es primero, en lugar de intentar meterle a Él en mi horario.

Jesús dijo claramente:

> Vengan a mí todos ustedes que están cansados y ago-biados, y yo les daré descanso.
>
> Mateo 11:28

La respuesta a mi problema era sencilla, y también lo es la de usted. ¡Acuda a Jesús! Tome tiempo en primer lugar cada día para comunicarse con su Padre celestial que le ama y quiere estar involucrado en todo lo que usted hace. Puede que no tenga mucho tiempo para pasarlo con Dios en la mañana, pero no darle a Él nada de tiempo es trágico e insultante. Deberíamos darle mucho tiempo cada día, pero cuándo lo haga le corresponde a usted. Puede que sea en el almuerzo o en la noche, pero por favor no le ignore. Mi estilo de vida es tal que yo misma puedo organizar mi propio horario, así que paso la primera parte de cada mañana con Dios, pero no me corresponde a mí decirle cómo debería usted estructurar su vida espiritual. Diré que yo creo que puedo demostrar bíblicamente que buscar al Señor temprano en la mañana es sabio. Incluso si no puede usted pasar mucho tiempo con Dios en cuanto se levanta, al menos tome tiempo para decir:

"Buenos días, Señor. Te amo. Gracias por todo lo que tú haces por mí. Te necesito. Por favor, ayúdame hoy".

> *Por la mañana, Señor, escuchas mi clamor; por la mañana te presento mis ruegos, y quedo a la espera de tu respuesta.*
>
> *Salmos 5:3*

María Magdalena fue la primera en ver a Jesús después de su resurrección, pero también fue la que llegó a la tumba **temprano** (Juan 20:1). Los otros discípulos se quedaron en la cama, pero María se levantó temprano y fue a buscar a su Señor.

Yo necesito y recibo mucha ayuda de Dios, y recibir la siguiente escritura como dirección para mi vida me ha ayudado de maneras sorprendentes.

> *Dios está en ella, la ciudad no caerá; al rayar el alba Dios le brindará su ayuda.*
>
> *Salmos 46:5*

Podría citar algunas otras escrituras para establecer mi punto, pero creo que entiende lo que intento decir. *Cuanto más temprano, mejor* debería ser nuestro lema en lo que respecta a conectar con Dios. De hecho, *cuanto más temprano, mejor* es un principio que debería aplicarse a muchas áreas en nuestras vidas.

Otro pedazo de sabiduría que ha sido útil para mí es *no hacer nada simplemente porque no pueda hacer mucho.* Si quiere usted formar el hábito de pasar tiempo con Dios, entonces comience con lo pequeño y progrese. A veces somos derrotados porque intentamos comenzar donde deberíamos terminar, o intentamos hacer lo que alguien está haciendo y que ha tenido cuarenta años de experiencia con Dios.

No creo que Dios cuente los minutos y las horas que pasamos con Él, y personalmente renuncié a esa creencia hace mucho tiempo. Si paso mucho tiempo con Dios y mantengo un registro mental de ello, puede que esté en peligro de orgullo, y si paso lo que creo que no es suficiente, entonces me sentiré culpable, y ni el orgullo ni la culpabilidad van a ayudarme en mi caminar con Dios. Simplemente paso tanto tiempo como sienta que necesito cada día. Para mí, es como el comer. Me detengo cuando estoy llena, y unas veces necesito comer más que otras veces.

No quiero darle un programa que seguir; sólo quiero alentarle a formar el hábito de poner a Dios en primer lugar en todo lo que haga. Si busca primero su Reino, Él añadirá todas las demás cosas que usted necesita (Mateo 6:33).

Forme el hábito Dios

Yo tengo el hábito Dios, y puedo decirle que es el hábito más importante de todos. La Palabra de Dios nos enseña que no podemos hacer nada sin Él; por tanto, tiene sentido hacer que sea una prioridad formar el hábito de ponerle a Él en primer lugar. Quizá esté en un momento de su vida en el que está preparado para formar el hábito, y si es así, entonces está en un buen lugar. De hecho, quiero alentarle a seguir adelante y ser adicto a Dios. Póngale a Él antes de todas las demás cosas. Sea totalmente incapaz de pasarse sin la dirección y la presencia de Él en su vida. Si yo intentase comenzar un día sin buscar a Dios, me sentiría como algunas personas se sienten si intentan comenzar un día sin azúcar o cafeína. ¡Yo soy adicta! Desperdicié muchos años no poniendo a Dios en primer lugar, y cuando miro atrás, aquellos fueron los años más desgraciados de mi vida. Dios y cosas buenas van juntos, de modo que si queremos tener una buena vida que podamos disfrutar, debemos tener el hábito Dios.

Bajo la ley del Antiguo Testamento, cuando los israelitas salían a la batalla tenían que asegurarse de que el Arca del pacto que llevaba la presencia de Dios fuese siempre en primer lugar. Debido a eso, los israelitas ganaron la mayoría de sus batallas. Hubo un tiempo, sin embargo, en que David intentó poner el Arca sobre un nuevo carro y que algunos hombres condujeran bueyes que tirasen del Arca detrás de ellos. El resultado fue desastroso (1 Crónicas 13). El mensaje aquí es claro: *si Dios es primero, entonces seremos ganadores en la vida, pero si Él no lo es, no hay razón alguna para esperar que nada resulte bien.* Billy Graham dijo: "El cielo está lleno de respuestas que nadie nunca se molestó en pedir". Comience a pedir y recibir, para que su gozo pueda ser completo (Juan 16:24).

Afortunadamente ahora nosotros nos hemos convertido en el Arca, o la casa de Dios. Él vive dentro de los corazones de aquellos que creen en Jesús. No tenemos que salir a encontrarle, porque Él siempre está cerca. Tan sólo necesitamos prestarle atención. A mí no me gustaría si yo viviera en la casa de otra persona y me ignorasen casi todas las veces, y no creo que tampoco a Dios le guste.

Me resulta sorprendente que Dios haya escogido hacer de nuestros corazones su hogar. Es un pensamiento hermoso y un tremendo privilegio, de modo que deberíamos desarrollar el hábito de mantener una conversación regular con Él. Si usted espiritualiza en exceso la oración, corre el peligro de no hacerla. Recuerde: orar es sencillamente hablar con Dios, adorarle y alabarle, y estar agradecido en todo momento.

El hábito de leer la Palabra

Es imposible desarrollar el hábito Dios si no tenemos el hábito de leer la Palabra. Dios y su Palabra están siempre conectados. Jesús es el Verbo hecho carme que vino a habitar entre nosotros.

> *Y el Verbo se hizo hombre y habitó entre nosotros.*
> *Y hemos contemplado su gloria...*
>
> *Juan 1:14*

No podemos conocer a Dios aparte de su Palabra, así que debemos estar comprometidos a estudiarla, meditar en ella y hacer que sea la base de todo lo que hacemos. La Palabra de Dios es verdad que nos muestra el modo en que debemos vivir. El Salmo 119 contiene 176 versículos que nos enseñan todos ellos la importancia vital de escuchar, meditar, amar, recibir y obedecer la Palabra de Dios.

> *En mi corazón atesoro tus dichos para no pecar contra ti.*
> *Salmos 119:11*

> *Lo que a mí me corresponde es obedecer tus preceptos.*
> *Salmos 119:56*

> *¡Cuánto amo yo tu ley! Todo el día medito en ella.*
> *Salmos 119:97*

Estudiar la Palabra de Dios puede convertirse en un hábito de la misma manera en que formamos todos los demás buenos hábitos. Comenzamos con cierto esfuerzo y seguimos en ello hasta que hacerlo se convierte en un hábito regular en nuestra vida. Se desarrolla en algo que se hace habitualmente con poco o ningún esfuerzo. Podría usted comenzar con un compromiso a leer la Palabra de Dios (la Biblia) quince minutos cada día. Haga eso durante dos semanas y después auméntelo un par de minutos cada semana hasta que llegue a su meta deseada. Después de un tiempo no necesitará tener una cantidad de tiempo a la que esté comprometido porque probablemente se haya disciplinado para dejar de leer de modo que pueda atender a otras cosas.

También le sugiero que tenga un diario o una computadora a su lado, y a medida que lea o cuando haya terminado, tome nota de una cosa o cosas que sienta que aprendió durante su lectura. Esto nos ayuda a retener el conocimiento que hemos recibido. Puede beneficiarse aún más si piensa (medita) en lo que ha aprendido a lo largo del día, o hable de ello con otra persona. También puede hablar de lo que ha aprendido en voz alta durante momentos en que esté a solas, para ayudarle a profundizar su conciencia y recuerdo de ello.

> *Con mis labios he proclamado todos los juicios que has emitido.*
>
> *Salmos 119:13*

Comience con partes de la Biblia que pueda entender con facilidad. La mayoría de personas sienten que el Nuevo Testamento es más fácil de entender que algunas partes del Antiguo Testamento. Frecuentemente, se sugiere el Evangelio de Juan como un buen lugar donde comenzar. Salmos y Proverbios son también muy prácticos y fáciles de entender, de modo que también son un buen lugar donde comenzar. Finalmente, puede progresar hasta ser capaz de leer y entender toda la Palabra de Dios.

Mediante el conocimiento de la Palabra de Dios aprenderá a conocerle a Él. Aprenderá sobre su carácter y sus caminos, y aprenderá lo mucho que Él le ama y el plan tan maravilloso que tiene para su vida.

Cuando tenga la Palabra de Dios profundamente implantada en su corazón, le dará dirección cuando se encuentre en situaciones donde se necesite sabiduría.

Yo asistí a la iglesia y creí que Cristo era mi Salvador por muchos años antes de llegar a comprometerme a estudiar diligentemente la Palabra de Dios. Puedo decir sinceramente que durante aquellos años yo tuve muy poco crecimiento espiritual, si es que tuve alguno. Generalmente me sentía infeliz, frustrada y no mostraba una conducta que sería adecuada para alguien que se denomina a sí mismo cristiano. La Palabra de Dios es nuestro alimento espiritual, y sin él no podemos crecer y volvernos fuertes en Él.

Comience ahora a desarrollar el hábito de leer la Palabra, ¡y permita que sea una de las partes más importantes de su hábito Dios!

Atento al "compartimento religioso"

No divida su vida en compartimentos sagrado y secular. No puede tener un compartimento donde guarde a Dios y después dirigir usted mismo el resto de su vida. Por muchos años yo tuve un "compartimento religioso". Acudía a la iglesia los domingos. A veces leía un capítulo de la Biblia en la noche por obligación, y después hacía una oración muy breve y con frecuencia sin significado. No es sorprendente que mi vida fuese como un tren descarrilado. Como ya he dicho, yo era una cristiana infeliz, desgraciada, frustrada e insatisfecha. Sí, ¡yo decía que era cristiana! Yo creía en Jesús y le había recibido como mi Salvador. Entendía la salvación solamente por gracia y lamentaba verdaderamente mis pecados. Mi problema era que solamente invitaba a Dios a mi vida los domingos en la mañana y en graves emergencias. Yo no tenía el hábito de la lectura de la Palabra o el hábito Dios. Estaba triste, pero Él probablemente estaba más triste porque tenía que verme sentirme desgraciada mientras su ayuda estaba a mi disposición si la pedía. Yo me sentía desgraciada porque no le estaba dando a Dios acceso a toda mi vida. Cuando lo hice, todo en mi vida cambió para mejor.

"No tienen, porque no piden" (Santiago 4:2). Comience a hablar con Dios de todo lo que usted hace. Invítele a sus actividades, y si lo que está haciendo y donde va no son lugares adecuados para Dios, ¡entonces deténgase!

Ahora puede que esté pisando los frenos porque sabe que quizá tenga que realizar algunos cambios de estilo de vida si hace eso. Pero esas cosas a las que usted puede que quiera aferrarse son las cosas que le roban su paz y su gozo de todos modos, así que dígales adiós y siga adelante con el plan de Dios para su vida.

Si desarrolla el hábito de poner a Dios en primer lugar en todas las cosas e invitarle a todo lo que hace, muchos de sus malos hábitos serán tratados mediante la formación de este buen hábito.

Cuanto más tiempo pasemos con Jesús, más seremos

semejantes a Él. La Biblia dice que a medida que estudiamos la Palabra de Dios, somos transformados a su imagen, de un grado de gloria a otro (1 Corintios 3:18). Vemos la ley del crecimiento gradual en funcionamiento en esta escritura. Si somos diligentes en buscarle a Él, lentamente y firmemente llegaremos a ser mejores personas.

La oración no sólo cambia cosas, también nos cambia a nosotros. La oración no es una obligación, es un privilegio. Pasar tiempo con Dios forma el hábito, ¡así que comience hoy!

CAPÍTULO
4

Conducta 2: Cómo romper
malos hábitos

Sospecho que compró este libro porque tiene usted malos hábitos que quiere romper. Quizá lo haya intentado una y otra vez y aun así ha fracasado, y espera que yo tenga la fórmula para su éxito. Sí creo que puedo ofrecer ciertos buenos consejos, pero lo primero que debe usted hacer es preguntarse por las ganas que tiene de romper el hábito que quiere conquistar. Yo no tengo una fórmula mágica de tres pasos que le cambiará de la noche a la mañana; pero puedo prometerle que no tiene usted que estar atado a nada si verdaderamente quiere ser libre.

Quiero comenzar este capítulo siendo sincera. Romper malos hábitos requiere un fuerte compromiso, una inversión de tiempo, mucho trabajo duro y una disposición a estar incómodo mientras está realizando la transición desde la atadura hacia la libertad. Si no está usted dispuesto a hacer eso, entonces dudo de que pueda ayudarle. Romper un mal hábito puede ser como romper con un mal novio que esté abusando de nosotros. Sabemos que romper con él es lo correcto que debemos hacer, pero puede que le extrañemos aunque estar con él signifique ser herido.

Debemos aprender a seguir la sabiduría de Dios y hacer lo que sabemos que será bueno para nosotros a la larga, y no seguir lo que nos hace sentirnos bien físicamente o emocionalmente en el momento.

Romper con los malos hábitos sin duda no es fácil, pero con la ayuda de Dios podemos hacerlo.

Uno de los problemas que afrontamos en la sociedad actualmente es que tenemos mucha facilidad, y ahora somos adictos a ella. Tendemos a querer que todo sea fácil, pero Dios nos ha ungido y equipado para cosas difíciles. Todo lo podemos hacer por medio de Cristo. Él es nuestra fortaleza. La verdad es que si una cosa no nos cuesta nada, rara vez es muy valiosa para nosotros. Si romper un mal hábito pudiera tener lugar sin ningún compromiso ni esfuerzo por nuestra parte, nuestra libertad ni siquiera sería lo bastante valiosa para que intentásemos mantenerla.

Hay algunos pasos muy específicos que creo que debería usted dar a medida que trabaja hacia romper un mal hábito. En primer lugar, tenga cuidado del modo en que habla del hábito que está intentando romper. Desde el comienzo de su viaje hacia la libertad le pido que no diga: "Esto es demasiado difícil; no estoy seguro de que pueda hacerlo". Cuanto más diga que es difícil, más difícil será. No salga con amigos y hable de lo mucho que está intentando romper tal y tal mal hábito y de lo difícil que es. Realmente, soy de la opinión de que le iría mejor si no hablase mucho de ello. Mantenga su meta entre usted y Dios, y posiblemente uno o dos amigos de confianza o familiares que usted quiera que oren por usted y le alienten. Quiero volver a hacer hincapié en este punto tan sólo para asegurarme de que no lea con demasiada rapidez y lo deje escapar. Haga el compromiso a no decir: "Esto es demasiado difícil; no estoy seguro de que pueda hacerlo". Diga algo que le ayudará, no algo que será un obstáculo. Diga: "Puedo hacer esto con la ayuda de Dios".

Jesús hizo una cosa difícil al sacrificar su vida por nosotros, y Él nunca dijo: "Esto es demasiado difícil". Lo logró mediante la oración, su apoyo continuo en Dios, y al tener un fuerte compromiso a hacer la voluntad de Dios. Él, por el gozo de obtener el premio que estaba delante de Él, soportó la cruz (Hebreos 12:2b). A medida que comienza su viaje de romper malos hábitos, mantenga en mente la recompensa que recibirá. Somos motivados por la recompensa, y Dios es sin duda alguna el Galardonador de quienes son diligentes. Cuando usted esté cansado de librar batalla con sus malos deseos, piense en lo maravilloso que será cuando el mal hábito sea roto y un hábito bueno haya ocupado su lugar.

El número de malos hábitos de los que podríamos hablar es interminable, e independientemente de los muchos que yo mencione, podría pasar por alto el de usted, pero la respuesta a todos ellos es la misma. Quizá usted quiera dejar de fumar cigarrillos, de comer en exceso o de criticar a otros. Puede que incluso esté tratando una adicción más seria, como el alcoholismo, el juego, la adicción a las drogas, la pornografía o un trastorno alimenticio. El nombre de la adicción no es lo importante. Lo importante es que usted sepa que Dios le ama incondicionalmente y que Jesús vino para destruir las obras del diablo, para liberar a los cautivos y para darnos una vida que podamos disfrutar.

Todo es posible para Dios, de modo que si su mal hábito es comer demasiado azúcar o la adicción a las drogas, Dios puede y está dispuesto a liberarle. Entiendo que romper el hábito de beber ocho latas de refresco al día no va a ser tan difícil como romper una adicción a las drogas. Los problemas no son los mismos, pero Dios es el mismo, y Él tiene suficiente fuerza para suplir cualquiera que pueda ser su necesidad.

Creer

Si quiere romper un mal hábito, debe creer que es posible. Si intenta conquistarlo mientras sus pensamientos y palabras están llenos de duda e incredulidad, no es probable que experimente victoria. Incluso si lo ha intentado miles de veces anteriormente y nunca ha sido exitoso, crea que está vez será diferente.

Jesús les dijo a sus discípulos que si solamente creían, verían la gloria de Dios (Juan 11:40). Incluso si usted tiene días en que no es muy exitoso, siga creyendo. Creo que pone furioso al diablo cuando seguimos diciendo: "Creo que Dios está obrando y que soy libre".

Crea la Palabra de Dios más de lo que cree en cómo se siente, y aprenda a decir lo que Dios dice acerca de usted y de su vida. La Palabra de Dios dice que somos muertos al pecado y que nuestra relación con él está rota (Romanos 6:2), y que estamos vivos para Dios, viviendo en una comunión continua con Él (Romanos 6:11). Eso significa que, espiritualmente hablando, es usted libre de todos los malos hábitos, y tan sólo necesita creerlo y comenzar a aplicar la libertad que Jesús compró para usted con su muerte y resurrección. Puede que no nos sintamos de ese modo, pero eso es lo que dice la Palabra de Dios. Además dice que debemos considerarnos (pensar) nosotros mismos muertos al pecado y nuestra relación con él rota (Romanos 6:11). ¿Cómo piensa de usted mismo? ¿Se ve siempre como alguien que está atado y es un esclavo de los malos hábitos, o dará un paso en fe y creerá que es usted libre?

El modo en que piense sobre el problema que tiene o el mal hábito que quiere romper es muy importante, porque nuestros pensamientos impulsan nuestras acciones. Usted puede controlar sus pensamientos, y nunca debería pensar que cualquier mal hábito está por encima de ser eliminado de su vida. Siga pensando: "Puedo hacer esto con la ayuda de Dios". Recuerde: los expertos dicen que son necesarios treinta días para formar o romper un hábito, y si usted lo toma día a día, no parecerá tan difícil.

Entiendo que este principio de creer antes de ver puede que no tenga ningún sentido para su mente, pero es la fórmula de Dios para el éxito. En el mundo solamente estamos dispuestos a creer después de ver y tener pruebas, pero en el Reino de Dios primero creemos por fe sin ninguna evidencia natural, y después vemos el resultado. Creer primero, y después experimentar libertad. Crea la Palabra de Dios y los resultados llegarán.

Hasta aquí, las cosas que le insto a hacer son:

1. Comenzar cada día con Dios; pídale fortaleza y dirección temprano cada día.

2. Estar muy comprometido y preparado para sufrir durante un periodo si es necesario.

3. Tener cuidado con lo que dice sobre el hábito.

4. Pensar pensamientos positivos y llenos de fe acerca de su viaje.

5. Creer incluso cuando no haya visto aún resultados.

¿Qué le provoca?

Examínese a usted mismo y aprenda lo que le provoca a realizar la conducta de la que quiere ser libre. ¿Hacen el estrés o alguna otra emoción negativa que recurra a su mal hábito? ¿Lo hace cuando está aburrido? ¿Lo hace cuando está a solas? ¿Lo hace cada mañana? Por ejemplo, puede que nunca sea usted tentado a comer helado y palomitas de maíz a las 10:00 de la mañana, pero es tentado a hacerlo cada noche mientras ve la televisión. ¿Está relacionado su mal hábito con alguna otra actividad que usted realiza? A mi hija Laura le encanta la Pepsi Light. La mayor parte del tiempo ella ha dejado de beberla, pero he observado que cuando está frustrada o muy cansada es cuando dice enfáticamente: "¡Hoy voy a beber una Pepsi Light!". Es su alimento reconfortante. Beber ocasionalmente una Pepsi Light puede que no sea un problema, pero si su hábito es el juego o consumir drogas cuando se siente frustrado o estresado, entonces es un asunto más urgente. Pida a Dios que le muestre si hay alguna relación entre su hábito y otras cosas. A veces, entender por qué hacemos algo es la puerta hacia la libertad.

Vea si puede encontrar algún patrón, y si lo encuentra, puede que eso le ayude a evitar el hábito evitando lo que lo desencadena. Al menos, entender la relación puede que le ayude a estar más preparado para resistir la tentación. Si usted tiende a comer en exceso cuando está aburrido, podría no permitirse a usted mismo aburrirse o podría encontrar otro hábito más sano para llenar su tiempo que el de comer en exceso. Si se va de compras cuando se siente infeliz como un modo de consolarse emocionalmente, entonces reconocer el patrón puede ayudarle a encontrar una manera más bíblica de tratar su infelicidad.

Enfoque

Ya he mencionado que es mejor trabajar en un hábito cada vez, pero necesito subrayar ese punto. Todos somos tentados a intentar arreglar todo lo que va mal de la noche a la mañana, pero eso es imposible. Cualquier mal hábito que usted tenga se desarrolló uno a uno, y serán rotos uno a uno. El enfoque es vital. Nos permite dirigir todas nuestras energías y capacidad hacia una sola cosa, en lugar de dividirlo entre varias cosas. La impaciencia nos impulsa a conquistarlos todos, pero el éxito llega mediante fe y paciencia. Digamos que usted ha localizado tres malos hábitos de los que quiere ser libre seriamente. Si cada uno le toma sólo treinta días, entonces en noventa días será usted libre de todos ellos, o al menos estará en el camino de serlo. Recuerde: los hábitos se forman mediante la repetición, y serán rotos mediante la repetición. Si hacemos repetidamente una cosa, pronto se convierte en parte de quienes somos, y lo hacemos inconscientemente, como un hábito. Si repetidamente *no* hacemos una cosa, entonces se desvanecerá, y en cierto punto ya no será parte de quienes somos.

Las personas con sobrepeso necesitan enfocarse en lo que comen. He observado que las personas que comen en exceso tienden a comer sin pensar. Si pasan al lado del escritorio de un compañero de trabajo y hay allí una barrita de caramelo para que todos la compartan, se comerán una parte inconscientemente, por hábito. En mis años de adolescencia y juventud yo tenía sobrepeso, y desde entonces he desarrollado muchos buenos hábitos alimenticios, uno de los cuales es no comer nunca nada sin entender lo que estoy comiendo y aproximadamente cuántas calorías tiene. Puedo comer cualquier cosa si realmente quiero, pero tengo que darme cuenta de que lo he comido y contarlo con el resto de lo que comeré ese día.

La mayoría de personas que tienen sobrepeso comen muchas cosas a lo largo del día que ni siquiera se acuerdan de haber comido; entonces están frustradas porque sienten que sencillamente no comen tanto como para pesar lo que pesan. Si usted tiene un problema en esta área, entonces le sugiero que escriba todo lo que se come durante una semana. Eso puede que le proporcione una comprobación de realidad. Es fácil para nosotros engañarnos a nosotros mismos a menos que tomemos tiempo para prestar atención verdaderamente a lo que hacemos. Si usted quiere romper el hábito de comer en exceso, tendrá que enfocarse en ello durante al menos treinta días. Estoy segura de que encontrará varias cosas de las que puede prescindir y que marcarán una diferencia en su peso. Conozco a una mujer que simplemente dejó de beberse un vaso grande de leche cada noche antes de irse a la cama. En un periodo de un año perdió quince libras (6,8 kilos).

Si quiere romper el mal hábito de la desorganización, necesitará enfocarse en mantener su ambiente ordenado y limpio. Varias veces al día, eche una mirada a propósito a su espacio (su casa, su escritorio, su auto, etc.). Si se ha vuelto desordenado o lleno de cosas, tome unos minutos para organizarlo. Desarrolle el hábito de volver a poner las cosas en su lugar adecuado enseguida. Una buena frase para recordar es: "Retírelo enseguida".

Priscilla siempre perdía sus llaves. Esto suena a cosa de poco, pero condujo a otros hábitos, como llegar siempre tarde a las citas. ¿Por qué? Porque estaba buscando las llaves cuando ya debería haber salido de su casa. Finalmente, puso un plato decorativo justamente delante de la puerta y decidió poner sus llaves en el plato en cuanto entrase en la casa. Fue fácil, y resolvió dos problemas a la vez. Ocuparnos de las cosas regularmente es mucho mejor que permitir que se amontonen hasta que sean abrumadoras. Permanezca en una cosa hasta que tenga la victoria, y después puede pasar a otra cosa a la vez que sigue manteniendo la victoria que ya ha obtenido.

Una cosa que nos ayuda a enfocarnos es mantener algo delante de nosotros que nos recuerda lo que necesitamos hacer o no hacer. Es más probable que usted beba mucha agua si tiene a su lado agua todo el tiempo. Escriba notas y póngalas en lugares donde tenga que verlas. Si está intentando romper el mal hábito de llegar tarde, tenga delante un reloj, o programe una alarma para recordarle cuándo necesita comenzar a prepararse para salir de su casa.

También podemos enfocarnos al mantener ciertas cosas lejos de nosotros. Una mujer que quería dejar de fumar quitó todos los ceniceros y encendedores de su casa. Si usted quiere dejar de ver mucha televisión, saque de la habitación el control remoto. Puede que se canse tanto de cambiar de canales que decida hacer otra cosa. E incluso si no lo hace, al menos tendrá que hacer algo de ejercicio. Los platitos para caramelos tienen otros usos además del de tener dulces; puede llenarlos de frutos secos o de flores secas.

Finalmente, no se enoje con usted mismo porque no

recuerde hacer todas las cosas que debería hacer. No se sienta necio si tiene que dejar una nota para usted mismo y recordarle hacer algo. Es mejor hacer eso que no hacer lo que debería hacer. Desarrolle todos los sistemas que necesite para ayudarle a enfocarse en lo que quiere lograr.

¡Salga de la rutina!

A veces puede ayudar a romper un mal hábito si entendemos que será peligroso o dañino continuarlo. Yo siempre he tenido dificultad para formar el hábito de usar hilo dental diariamente, aunque varios dentistas a lo largo de los años me han instado a hacerlo. Lo cierto es que yo no quería tomar el tiempo para hacerlo, y pensaba que mis dientes estaban bien. Estaba ocupada, pero finalmente empleé el tiempo, de todos modos. Este año hice unas veinte visitas al dentista. Tuve un flemón en un diente y un total de diecisiete dientes que necesitaban cierto tipo de trabajo. Tenía muchos puentes y fundas que eran muy viejos y necesitaban ser cambiados. Cuando terminé con todas esas citas, estaba muy convencida de comenzar a usar hilo dental y todo lo demás que el dentista me dijo que hiciera. Mire, entender el resultado de no hacerlo me dio una pasión por hacerlo. Todo el problema no estuvo causado por no utilizar hilo dental, pero sí contribuyó.

Tony compartió que su hermano es dentista y que repetidamente le decía que tenía que usar hilo dental dos veces al día. Él admitió que su boca y sus dientes los sentía mejor cuando lo hacía, así que fue a una tienda y compró varios paquetes de hilo dental. Los puso en su cuarto de baño, en su auto y en su escritorio en el trabajo, donde veía televisión, y también en su bolsa del gimnasio y en la habitación de la colada. Los puso por todas partes para no olvidarse de ello. Ahora sólo los tiene en dos lugares, porque ha formado el hábito de utilizarlo. Él formó un buen hábito que evitará que sufra más adelante.

Hace años, cuando se estaban estableciendo los Estados Unidos del oeste, las carreteras eran simplemente caminos de carretas. Esos difíciles caminos planteaban graves problemas para quienes viajaban por ellos. En uno de esos serpenteantes caminos había una señal que decía: "Evite esta ruta, o estará en ella durante las siguientes 25 millas (40 kilómetros)". Si no quiere estar repitiendo su mal hábito dentro de diez años, comience a salir de la ruta ahora.

Estoy segura de que la persona que termina con cáncer de pulmón debido a fumar desearía haber hecho el compromiso de dejar de fumar. La persona que pierde a su familia debido al juego o a la adicción al alcohol desearía haber estado dispuesto a sufrir el proceso de la desintoxicación. Mire, *si no pagamos el precio por la libertad, terminaremos pagando el precio por la atadura. De cualquier manera pagaremos un precio* porque la ley de Dios dice que cosechamos lo que sembramos.

Cualesquiera que puedan ser sus malos hábitos, tome algún tiempo y piense en cuál puede ser el resultado a largo plazo de seguir con ellos. Eso podría motivarle a tratarlos en este momento.

Echemos otro vistazo a algunas de las cosas que le sugiero que haga si quiere romper un mal hábito:

1. Estar muy comprometido y dispuesto a sufrir durante un tiempo si es necesario.

2. Tener mucho cuidado con lo que dice sobre el hábito.

3. Pensar pensamientos positivos y llenos de fe acerca de su viaje.

4. Creer, incluso cuando no haya visto aún resultados.

5. Reflexionar con qué otras conductas están relacionados sus malos hábitos y cambiar el patrón.

6. Enfocarse en la cosa que quiere cambiar en este momento.

7. Examinar cuáles pueden ser los peligros de continuar con el hábito.

¡Feliz viaje para romper hábitos! Está usted en el camino, y creo que tendrá éxito.

CAPÍTULO
5

Pensamientos, palabras y hábitos

¿Cómo afectan a nuestros hábitos los pensamientos y las palabras que pronunciamos? Según mi opinión, son el punto de comienzo para romper todos los malos hábitos y formar todos los buenos hábitos. Aquello sobre lo que fijamos nuestra mente es lo que normalmente declaramos, y es siempre lo que se convierte en nuestra realidad.

Estoy en un hermoso lugar en este momento trabajando en este libro. Tengo que ir al gimnasio esta mañana porque realicé una de mis conferencias el fin de semana y no pude hacer ejercicio. Normalmente hago ejercicio los lunes, miércoles y viernes, pero no pude hacerlo el lunes porque estaba viajando. Hoy es martes, y eso significa que realmente necesito hacerlo hoy. Se me ocurrió brevemente el pensamiento de que podía saltarme hoy para poder tener más tiempo para escribir, pero como conozco el poder de los pensamientos y también sé lo que tengo que hacer, no entretuve el pensamiento. En cambio, le dije a Dave: "Pensé por un momento en no hacer ejercicio, pero sé que necesito hacerlo, y voy a hacerlo". Mis pensamientos y mis palabras podrían haberme ayudado para hacer algo que más adelante lamentaría, pero en cambio me ayudaron a mantener el hábito de hacer ejercicio regularmente.

Tuve que liberarme del pensamiento equivocado tan rápidamente como llegó, porque si hubiera meditado en él, poco después habría estado diciendo: "En realidad no tengo ganas de ir al gimnasio hoy", y poco después de eso habría encontrado una excusa para no ir.

Este mismo principio puede aplicarse a cualquier área de su vida. Cuando esté intentando desarrollar un buen hábito o romper uno malo, recuerde siempre que las palabras preceden a la acción. O como frecuentemente digo: "Donde va la mente, allí le sigue el hombre".

He enseñado y escrito extensamente sobre el tema de los pensamientos y las palabras, y sé por experiencia y por la Palabra de Dios que ambos son factores clave en el éxito o el fracaso. Debemos aprender a decir lo que verdaderamente queremos, y no lo que sentimos o incluso lo que actualmente tenemos. Digamos que una persona quiere sinceramente salir de la deuda, pero en este momento está metida profundamente en la deuda. Esa persona puede pensar cosas como: "Estoy metido tan profundamente en la deuda que nunca conseguiré pagar todas mis facturas". O: "Esta situación que tengo es imposible de cambiar, es demasiado tarde para mí".

Las personas que piensan así también hablarán así. Su deseo puede que sea ser libres de la deuda, pero sus propios pensamientos y palabras pueden evitar que den los pasos necesarios para lograr lo que quieren hacer. Se quedarán atascados en la rutina en que están a menos que comiencen a ponerse de acuerdo con la Palabra de Dios, que nos enseña que todo es posible para Dios. Tales personas deberían comenzar a pensar a propósito: "No es la voluntad de Dios para mí que esté atado a la deuda, y voy a hacer todo lo que pueda por salir de la deuda. Si hago lo que puedo hacer, Dios hará lo que yo no puedo hacer. Puede que eso tome mucho tiempo, pero seguiré en ello hasta que esté libre". Pensar así les dará una mentalidad dirigida hacia la victoria, y cambiará sus palabras al igual que toda su actitud.

Podemos literalmente convencernos a nosotros mismos de la victoria o del fracaso. No podemos meramente obtener lo que pensamos y decimos, pero podemos tener cualquier cosa que Dios diga que podemos tener en su Palabra. No se conforme nunca con nada menos que lo mejor que Dios le ofrece. Esta es una de las principales razones por las que necesitamos el hábito de la Palabra. Si sabemos lo que Dios promete en su Palabra, podemos tener dirección y aliento para seguir lo mejor que Dios nos ofrece. La Palabra de Dios dice que no deberíamos deber nada a nadie, excepto el amar a esa persona (Romanos 13:8); por tanto, ¿por qué deberíamos conformarnos con estar en deuda toda nuestra vida? No deberíamos, y no tenemos que hacerlo.

Jesús les dijo a las personas que tendrían lo que creyeran (Mateo 9:29). Tenían que renovar sus mentes para pensar como Dios piensa, a fin de poder tener las bendiciones que Dios quería que tuvieran. Espero que esta no sea la primera vez que ha escuchado usted este principio, pero si lo es, por favor crea que esta increíble y poderosa verdad funciona para cualquiera que la ponga en práctica. La Palabra de Dios es siempre la misma, y tiene la capacidad de cambiar cosas. Pero nosotros no somos todos iguales. Algunos creerán la Palabra de Dios y harán lo que dice, y otros no. Cualquiera que se niegue a creer o sea demasiado perezoso para hacer el esfuerzo de seguir las instrucciones de Dios mantendrá sus malos hábitos que están produciendo malos resultados en su vida. Igualmente, cualquiera que esté dispuesto a aprender y cambiar puede romper malos hábitos y formar otros buenos.

¡No puedo evitarlo!

A medida que usted aprende que puede cambiar las cosas en su vida que son infructuosas y le causan problemas, el diablo le ofrecerá muchas excusas para quedarse tal como está. Una de las cosas que usted puede esperar oír en su cabeza mientras comparto con usted la importancia de sus pensamientos y sus palabras es: "No puedo evitar lo que pienso. Los pensamientos sencillamente llegan lo quiera yo o no". Aunque es cierto que los pensamientos llegan sin ser invitados, no es cierto que usted no pueda hacer nada al respecto. La Palabra de Dios nos enseña a derribar, o refutar, los pensamientos equivocados (2 Corintios 10:5). Eso sencillamente significa que no debemos permitirles que se queden en nuestra mente. Usted puede librarse de cualquier pensamiento que no quiera sencillamente deci- diendo pensar en otra cosa.

La afirmación verbal ayuda en este proceso. Si yo estoy pensando: "No quiero ir al gimnasio hoy", pero sé en mi corazón que debería ir, una parte de mí (espíritu) quiere ir mientras que otra parte (mi carne) no quiere ir. Yo puedo decir en voz alta: "Voy a ir al gimnasio hoy". Lo que yo digo interrumpe lo que estoy pensando y me da algo nuevo en lo que meditar.

Si usted cree la mentira de que no puede evitar lo que piensa, entonces nunca cambiará. Hágase responsable de sus pensamientos y palabras, y comience a escogerlos con cuidado porque son la materia prima para sus actos.

El buen plan de Dios

El plan de Dios para cada uno de nosotros es bueno. ¿Quién no querría un gran plan para su vida? Estoy segura de que todos lo queremos, pero no estamos todos dispuestos a hacer lo necesario para obtenerlo. Querer algo no es suficiente… ¡también debemos actuar! El apóstol Pablo nos enseña que Dios tiene un buen plan, una voluntad perfecta para cada uno de nosotros, pero debemos renovar nuestra mente según su Palabra si queremos verlo demostrado en nuestra experiencia (Romanos 12:2). Esta escritura es una clave para el éxito. Otra escritura que nos enseña el mismo principio es Josué 1:8:

> *Recita siempre el libro de la ley y medita en él de día y de noche; cumple con cuidado todo lo que en él está escrito. Así prosperarás y tendrás éxito.*

Esto lo dice todo, por lo que a mí respecta. La Palabra de Dios debe ser algo en lo que pensemos y de lo que hablemos regularmente y en toda situación. Si lo hacemos, y ese *si* no debe ser pasado por alto, entonces veremos lo que tenemos que hacer, lo haremos, y tendremos éxito. Dios había dado a Josué una tremenda oportunidad de dirigir a los israelitas el resto del camino a la Tierra Prometida que Moisés no había conquistado. Se le dijo que no tuviera temor, que fuese fuerte y valiente, y que siguiese pensando y declarando la Palabra de Dios a fin de alcanzar la meta que tenía por delante.

¿Qué le gustaría alcanzar en su vida? ¿Qué le gustaría cambiar comenzando ahora mismo? ¿Tiene algunos malos hábitos que quiera romper y algunos buenos que quiera formar? Lo que usted quiere no sucederá a menos que aprenda a pensar y hablar en concordancia con su deseo.

Un buen hábito conduce a otro

Creo que formar el hábito de pensar y declarar cosas buenas sin duda conducirá a muchos otros buenos hábitos. En la lengua hay poder de vida y muerte; quienes la aman comerán de su fruto (Proverbios 18:21). Si desarrollamos el hábito de declarar vida en todo momento, tendremos vida, y la tendremos en abundancia. Sin embargo, si declaramos muerte (cosas negativas), esa será nuestra experiencia. El escritor de Proverbios afirmó que seremos llenos del fruto de nuestra boca y que debemos estar satisfechos con las consecuencias de las palabras que decidimos declarar, sean buenas o malas (Proverbios 18:20). Yo he estado estudiando, enseñando y escribiendo sobre estas escrituras durante más de treinta años, y me siguen sorprendiendo. ¿Nos damos cuenta del poder que Dios nos ha dado en la elección de nuestras palabras? Creo que no, porque si lo entendiéramos, seguramente tomaríamos mejores decisiones.

Este debe ser un tema de constante oración, porque ningún hombre puede domar la lengua sin la ayuda de Dios (Santiago 3:8). Cientos de esos versículos de la Escritura hablan de la lengua, de la boca y de las palabras. Yo tengo la mayoría de ellos subrayados en mi Biblia, y con bastante frecuencia los releo y simplemente me recuerdo a mí misma el poder de mis palabras. También oro acerca de esta área, pidiendo a Dios que permita que las palabras de mi boca y la meditación de mi corazón (pensamiento) sean aceptables para Él.

Nuestras palabras pueden ayudarnos o dañarnos en

cualquier área de la vida. Las palabras son espirituales, porque no pueden verse y pueden llegar al ámbito espiritual y comenzar a crear nuestro futuro. Según el libro de Génesis, ¡Dios creó todo lo que vemos con palabras! Fuimos creados a imagen de Él y se nos dijo que sigamos su ejemplo en todas las cosas, por tanto, ¿por qué nuestras palabras no funcionarían de la misma manera?

¡Pruébelo!

En 1977, Dios comenzó a mostrarme el poder de mis palabras. Yo nunca había oído ninguna enseñanza como la que estoy presentándole en este libro, pero Dios me convenció de que yo era una persona muy negativa y que necesitaba un importante cambio. Él me mostró que mis palabras eran negativas y que mi vida no podía cambiar hasta que cambiasen mis palabras. Hice una lista de cosas que quería ver suceder en mi vida y encontré escrituras para respaldar cada una de ellas. Entonces, por seis meses, dos veces por día, declaraba esas cosas en voz alta. Cuando comencé el proyecto, ninguna de las cosas que estaba confesando era una realidad en mi vida, pero en la actualidad todas ellas lo son. Podría añadir que sigo confesando esas cosas y otras partes de las preciosas promesas de Dios regularmente. Le sugiero que lo pruebe. Creo que si piensa regularmente y habla cosas positivas, buenas y llenas de vida, verá cambios en usted mismo y en su vida que le gustarán.

Recientemente estaba hablando a una mujer en una cita y dije algo sobre hablar positivamente. Ella dijo enseguida: "Yo no creo en toda esa basura de la afirmación positiva; ¡creo en la realidad!". Me sentí triste por ella, porque obviamente no conocía la Palabra de Dios y no era consciente de que ella podía cambiar su realidad al creer, pensar y declarar en acuerdo con Dios. ¡Estoy muy contenta de que no tengamos que conformarnos con la realidad! Actualmente, los programas de *reality* en televisión son muy populares, y van aumentando todo el tiempo. Yo prefiero tener poder transformador en lugar de más realidad. Quiero esperanza y la fe de que todo es posible para Dios.

Haga que el hábito de pensar y hablar según lo que quiere ver suceder en su vida sea parte de cualquier otro hábito que quiera desarrollar o destruir. Por ejemplo, si es usted indeciso, no siga diciendo: "Me resulta difícil tomar decisiones". Comience a decir: "Tengo la sabiduría de Dios (1 Corintios 1:30) y la mente de Cristo (1 Corintios 2:16) y soy una persona decisiva". O si tiende a comer en exceso y necesita mejorar su salud y quizá perder algo de peso, no diga una y otra vez: "Simplemente no puedo controlar mi apetito. Cuando comienzo a comer, no puedo dejarlo hasta que estoy totalmente lleno. Tengo que comer azúcar cada día". Si sigue diciendo que tiene que comerlo, siempre lo tendrá; pero si cambia lo que cree al meditar en la Palabra de Dios y hablar de acuerdo a lo que ella dice, entonces puede tener lo que Dios dice que puede usted tener. Su Palabra dice que Él nos ha dado espíritu de disciplina y de dominio propio (1 Timoteo 1:7), y nosotros deberíamos decir lo mismo.

Estoy segura de que entiende lo que estoy diciendo, y es mi oración que esté convencido de que necesita comenzar a hacerlo. Como dije, ¡pruébelo! Su experiencia le convencerá, incluso si yo no puedo hacerlo. Se sentirá usted mejor y tendrá más energía si declara cosas que le ministren vida, y todas las personas que le rodean disfrutarán de usted mucho más.

Recuerde por favor que no puede tan sólo decidir hacer esto y ser exitoso. Ningún hombre puede domar la lengua. Va a necesitar usted mucha ayuda de parte de Dios hoy y cada día, y también yo. La boca es como una bestia salvaje que es rebelde e indisciplinada (Santiago 3:7-8), pero Dios puede cambiar todo eso si hacemos un compromiso y nos aferramos a eso hasta que veamos éxito.

Reprogramar la computadora

Lo que pensamos y declaramos, especialmente si es frecuente, está escrito en la tabla de nuestro corazón; está incrustado en nuestro disco duro, por así decirlo. Al igual que una computadora solamente puede sacar la información que se haya programado en ella, nuestros corazones solamente pueden sacar lo que está escrito en ellos. Si no nos gusta el resultado que obtenemos de nuestra computadora, no dudamos en obtener un nuevo programa, y eso es lo que le estoy sugiriendo que haga con su vida. Comience a reescribir lo que ha sido programado en su corazón. Lo que está en un programa de computadora determina la información que sale de ella, y lo que está en nuestro corazón sale por nuestra boca.

De la abundancia del corazón habla la boca.
Mateo 12:34b

Quiero asegurarle que puede usted hacer esto con la ayuda de Dios. Puede que haya tenido muchos malos hábitos mentales y verbales, pero pueden ser transformados en otros positivos y llenos de vida. Es momento de renovar su mente y convertirse en la persona que Dios quiere que usted sea en cada área de la vida.

Está usted lleno de posibilidades

La buena voluntad de Dios para nosotros no sólo va a producirse sin ningún esfuerzo por nuestra parte, pero es posible si escuchamos, aprendemos y estamos dispuestos a cambiar con la ayuda de Él. El cambio requiere tiempo, pero es tiempo bien empleado porque produce una gran recompensa. Todos empleamos nuestro tiempo en algo, por tanto, ¿por qué no emplearlo en algo que producirá beneficios para nosotros y para nuestras familias y amigos? Es posible cambiar. Ciertamente, ¡está usted lleno de posibilidades!

Como hijo de Dios, Él habita en usted, y todo lo que Él es está a disposición de usted mediante la fe en Él y en sus promesas. Puede conocer a Dios y tener íntima comunión con Él. Puede disfrutar una vida que dejará un legado para otros. Dios le ama, y le ha creado de una manera única y especial. Nadie puede hacer lo que usted puede hacer, exactamente del modo en que usted puede hacerlo. Dios quiere que aprenda a disfrutar de usted mismo y de cada momento de su vida, pero eso no puede suceder hasta que usted desarrolle hábitos que produzcan vida en vez de quitar vida. El hábito de pensamientos y palabras correctas es uno de los más importantes hábitos que se pueden tener, y abrirá la puerta a muchos otros buenos hábitos que le conducirán a la mejor vida posible para usted.

CAPÍTULO
6

Conducta 3: El hábito de ser decisivo

En cualquier momento de decisión, lo mejor que puede hacer es lo correcto, lo siguiente mejor que puede hacer es lo incorrecto, y lo peor que puede hacer es no hacer nada.
Theodore Roosevelt

Las personas que se quedan en medio de la carretera son atropelladas. Formar el hábito de tomar decisiones de manera sabia y oportuna es vital para nuestra paz y nuestro éxito en la vida. Afortunadamente, hay algunas personas que aprenden a hacer eso; sin embargo, algunas personas toman decisiones con demasiada rapidez, otras las toman con demasiada lentitud, algunas lo hacen de manera poco sabia, y otras no las toman en absoluto.

La vida está llena de decisiones. Todos tomamos numerosas decisiones diariamente. Decidimos hasta qué hora dormiremos, lo que comeremos, vestiremos y haremos con nuestro tiempo. Tomamos decisiones de trabajo, decisiones de relaciones, decisiones económicas, y lo más importante, tomamos decisiones espirituales. Incluso las personas que no toman decisiones, aún así toman la decisión de no decidir. Emplee unos minutos y evalúe sinceramente en cuál de las categorías anteriormente mencionadas encaja usted. Si es una persona decisiva y siente que la mayor parte de las veces toma decisiones sabias, entonces es usted bendecido y parte de un grupo relativamente pequeño. Si encaja en una de las categorías de tomar decisiones demasiado rápidamente, demasiado lentamente o sin pensar previamente o sin sabiduría, entonces esta es una gran oportunidad para que decida comenzar a formar el hábito de ser decisivo de manera adecuada.

Si tomamos decisiones espirituales correctas, y eso significa que decidimos poner a Dios en primer lugar en todas las cosas, entonces el resto de nuestras decisiones serán más fáciles. Sin embargo, tomar decisiones sigue siendo algo trabajoso a veces. Para la persona que quiere agradar a Dios en todas las cosas, tomar decisiones morales puede ser fácil porque la Palabra de Dios nos da instrucciones con respecto a la conducta correcta e incorrecta. Sólo necesitamos decidir aprender y obedecer a Dios en lo que Él nos enseña a hacer. Pero hay muchas otras decisiones que debemos tomar en la vida cotidiana que no están cubiertas específicamente en la Palabra de Dios. ¿Qué hacemos con respecto a esas cosas? La persona que verdaderamente quiere agradar a Dios puede que caiga en la trampa de ser indecisa debido al temor a desagradar a Dios al hacer lo incorrecto.

La desgracia de la indecisión

*No hay un ser humano más desgraciado que aquel en
quien nada es habitual excepto la indecisión.*
                                                    William James

Puedo decir sinceramente que la indecisión es muy
desagradable para mí. Yo soy generalmente una persona muy decisiva, y puedo incluso ser culpable a veces
de tomar decisiones con demasiada rapidez. Intento no
hacer eso en esta etapa de mi vida porque lo he hecho
en el pasado y después he lamentado la rápida decisión
que tomé. Desgraciadamente, sigo teniendo que tratar
los resultados de eso. Pero aunque yo encaje en la categoría de ser una persona decisiva, sigue habiendo veces en
que me encuentro vacilando entre dos cosas y me resulta
difícil inclinarme por una o la otra. La mayor parte de las
veces se debe sencillamente a que no quiero hacer nada
que no esté convencida de que Dios aprueba. Me gustaría
ser capaz de saber con seguridad lo que Dios quiere que
yo haga en cada situación, pero no lo sé, y como todos
los demás debo dar pasos de fe y finalmente hacer una
cosa o la otra. Y como todos los demás, siento mariposas
en mi estómago y oro con todo mi corazón para que si
lo que estoy haciendo es equivocado, Dios misericordiosa-
mente cierre la puerta o me detenga antes de que cometa
un inmenso error.

Es imposible aprender a tomar buenas decisiones sin
tener la experiencia de tomar decisiones. Tomamos algunas
buenas y otras malas mientras estamos en el proceso de
aprendizaje, de modo que le insto a comenzar a ser decisivo y aprender de sus experiencias. En cualquier cosa que

haga, no viva su vida paralizado por el temor, estando siempre confundido porque no sabe qué hacer.

> *"Señor, ¿cuál es el secreto de su éxito?", le preguntó un reportero a un presidente de un banco.*
> *"Dos palabras".*
> *"Y, señor, ¿cuáles son?".*
> **"Buenas decisiones".**
> *"¿Y cómo toma usted buenas decisiones?".*
> *"Una palabra".*
> *"Y, señor, ¿cuál es?".*
> *"Experiencia".*
> *"¿Y cómo obtiene experiencia?".*
> *"Dos palabras".*
> *"Y, señor, ¿cuáles son?".*
> *"Malas decisiones".*
>
> *–Anónimo*

El apóstol Santiago, siendo dirigido por el Espíritu Santo, enseña que si necesitamos sabiduría debemos pedirla y Dios nos la dará. Solamente debe ser en fe pidiendo sin dudar. Si vacilamos o dudamos, nos volvemos inestables en todos nuestros caminos y no somos capaces de recibir del Señor nada de lo que pedimos (Santiago 1:5-8). Estos versículos hacen que la postura de la persona indecisa sea bastante clara. Se sentirá miserable, confundida e incapaz de obtener ayuda de Dios. Debemos acercarnos a Dios en fe, preparados para emprender la acción cuando tengamos seguridad en nuestro corazón de alguna dirección. Si después de haber orado y esperado seguimos sintiendo que no tenemos ninguna dirección, entonces eso puede significar que Dios sencillamente nos está dando la libertad de hacer lo que nosotros decidamos.

Más de una vez en mi vida mientras he estado buscando a Dios con respecto a qué hacer en una situación, Él ha susurrado en mi corazón: "Puedes hacer lo que quieras hacer". He aprendido en esas situaciones que Dios pone deseos en mi corazón y que yo soy libre para seguirlos. Ese tipo de libertad asusta a algunas personas, pero si conocemos la Palabra de Dios, entonces deberíamos conocer el corazón de Él y podemos vivir en consonancia. Dave y yo tenemos cuatro hijos adultos. Cuando eran pequeños, les decíamos todo lo que tenían que hacer y no hacer; pero a medida que fueron creciendo, gradualmente les permitimos tener más capacidad de decisión, confiando en que habían aprendido lo que nosotros queríamos que hicieran y que seguirían eso. Ellos no siempre tomaban las decisiones correctas, pero mediante la prueba y el error aprendieron a tomar decisiones y a ser responsables de los resultados, lo cual es parte de ser adulto.

Nosotros crecemos como hijos de Dios al igual que crecen nuestros hijos naturales, y Él no siempre nos da instrucciones exactas y concretas. Él espera que sigamos su Palabra, su Espíritu y su sabiduría. Si no tenemos paz con respecto a algo, o si no sería sabio hacerlo, entonces no deberíamos hacerlo. ¡Es así de simple! Una cosa es cierta, y es que no tenemos que tener miedo a tomar decisiones. Si tomamos una decisión que resulta ser equivocada, entonces podemos modificarla en el camino. Dios nos ayudará a llegar a donde nos dirigimos, pero Él no puede conducir un auto estacionado. Si usted sinceramente quiere la voluntad de Dios y se pierde a medida que viaja por la vida, Dios le encontrará y le hará llegar de nuevo al camino correcto.

"Haga algo, pues si no, no hará nada" es una de mis frases favoritas. Algunas personas desperdician toda la vida sin hacer nada porque no quieren tomar una decisión. Las razones para ser indeciso pueden ser diversas, así que veamos algunas de ellas:

1. Una persona puede ser indecisa porque sus padres nunca le permitieron tomar sus propias decisiones. Los padres puede que hayan pensado que estaban protegiendo a sus hijos, pero en realidad estaban obstaculizando su capacidad de ser decisivos.

2. Las personas indecisas pueden ser inseguras con ellas mismas y con sus capacidades. Este es el caso con muchas personas en nuestra sociedad. A Satanás le encanta darnos muchos temores e inseguridades que nos inmovilizan y evitan que cumplamos nuestro destino. Las personas indecisas deben aprender lo mucho y lo perfectamente que Dios les ama, y que pueden hacer todas las cosas por medio de Cristo que les da fortaleza, capacidad y sabiduría.

3. Querer agradar a todo el mundo también puede hacer que la persona sea indecisa. Quienes quieren agradar a todos siempre buscan la aprobación de los demás y nunca siguen sus propios deseos cuando toman decisiones. Es bastante triste lo mucho que dependemos de la aprobación y la aceptación de otras personas. Si vivimos nuestra vida para agradar a otras personas, terminaremos no viviendo nuestra vida en absoluto. Meramente permitiremos que otros vivan sus vidas por medio de nosotros cuando hacemos lo que ellos quieren en lugar de hacer lo que nosotros queremos.

4. Algunas personas sencillamente tienen temor a equivocarse. Puede que sean demasiado orgullosas para poder

tratar la idea de haber tomado una decisión incorrecta, y por eso no toman ninguna decisión. Siempre están intentando decidir pero nunca lo hacen. Con frecuencia digo que la única manera en que podemos descubrir si tenemos razón es dar un paso y descubrirlo. Tener la razón todo el tiempo está demasiado evaluado. No tener la razón solamente hiere nuestro orgullo durante unos pocos momentos, pero ser indeciso nos hace daño de maneras que son casi demasiado grandes de calcular.

5. Cuando se toma una decisión, debe seguir la acción. Algunas personas puede que sean indecisas simplemente para evitarse a ellas mismas tener que ser responsables del trabajo que siempre sigue a una decisión. Los hombres y las mujeres exitosos son sabios al tomar decisiones y son persistentes y determinados en la acción que deben emprender después.

En todas estas razones que estoy ofreciendo para la indecisión, una cosa es segura: es un mal hábito y puede eliminarse al formar buenos hábitos. Tome la valiente decisión de ser decisivo. Cuanto más práctica obtenga, mejor será al hacerlo.

Cómo tomar decisiones

Quizá algunos consejos prácticos sobre cómo tomar decisiones le ayudarán a comenzar.

Haga una lista de sus opciones. ¿Por cuántos caminos diferentes puede usted ir? Si quiere cambiar de trabajo, por ejemplo, ¿cuáles serían sus opciones? ¿Quiere cambiar de carrera por conseguir otro empleo dentro del campo en el que tiene experiencia? Puede que simplemente quiera decidir qué hacer hoy. Tiene el día libre, por tanto,

¿cuáles son sus opciones? Puede terminar un proyecto que comenzó y no completó, o puede salir de compras y a almorzar con una amiga, o puede visitar a sus padres ancianos a los que no ha visto por demasiado tiempo, o puede quedarse tumbado en el sofá y ver la televisión todo el día. ¿Qué es lo mejor que puede hacer?

Sinceramente, usted es la única persona que puede decidir. Podría divertirse más al ir de compras y almorzar, pero podría tener más paz a largo plazo si terminase su proyecto. Y si es sabio con su tiempo, probablemente pueda incluir la visita a sus padres en cualquiera de las otras opciones. Quedarse tumbado en el sofá todo el día probablemente no sea una buena opción, porque terminará cansado y sintiendo que ha desperdiciado el día.

Si quiere comprar algo, puede comprarlo y tener eso, o no comprarlo y tener su dinero. ¿Cuál de las dos opciones le encajará mejor a largo plazo? Hacernos a nosotros mismos algunas preguntas sobre las opciones es con frecuencia un inmenso paso para tomar decisiones. Después de todo, ¿cómo podemos tomar decisiones realmente buenas si ni siquiera sabemos cuáles son nuestras opciones?

Sopesar el posible resultado. Por cada opción hay un posible resultado, y podemos catalogarlo como positivo o negativo. Dave y yo estamos en el proceso de tomar una decisión ahora, y justamente esta mañana le dije que tengo una lista de las cosas positivas y negativas, y que las positivas sobrepasan a las negativas. Entender eso nos ayudó a tomar nuestra decisión.

Siempre es poco sabio tomar decisiones sin tomar tiempo para considerar cuál puede ser el posible resultado de esa decisión. Si está intentando decidir hacer un compromiso con su tiempo y energía para dedicarlos a algo, especialmente si es algo que es un compromiso a largo plazo, piense todo muy bien completamente.

¿Cuánto de su tiempo le tomará? ¿Tiene sinceramente el tiempo para dedicarlo a eso sin sobrecargar su horario? Si va a comprometerse, ¿necesita eliminar alguna otra cosa antes de su calendario? ¿Cómo afectará a su familia ese compromiso? ¿Está diciendo sí a algo que otra persona quiere que usted haga, pero sinceramente usted prefiere no hacer? Si hace usted ese compromiso, ¿se encontrará quejándose sobre tener que hacerlo? Piense siempre en el resultado de cada decisión, o lamentará muchas de las decisiones que tome.

Reconozca a Dios. El escritor de Proverbios, el libro de la sabiduría, nos enseña a reconocer a Dios en **todos** nuestros caminos. Deberíamos pedir a Dios que nos dirija al comienzo de intentar tomar cualquier decisión, pero también deberíamos mirarle a Él cuando sentimos que sabemos lo que deberíamos hacer, sólo para asegurarnos de que Él esté de acuerdo. ¿Tiene usted paz? ¿Es sabio? ¿Son correctos sus motivos para hacerlo? Espere en Dios durante un tiempo para darle una oportunidad de hacerle saber si hay algo que usted no está considerando.

Nunca deberíamos hacer nuestros planes y después orar para que Dios los bendiga. Deberíamos orar antes de que tenga lugar ningún plan. Si el verdadero deseo de su corazón es seguir a Dios en todas las cosas, Él le hará saber de un modo u otro si está haciendo lo correcto.

Comenzar con lo pequeño

Puede que piense: "Joyce, ¿y si he hecho todas esas cosas y aún así no sé qué decisión tomar?". Si ese es el caso, mi consejo es que dé un pequeño paso de fe y vea si aquello a lo que se está comprometiendo va a ser correcto para usted. Esto no es posible en cada decisión, pero lo es en muchas.

Por ejemplo, si alguien le pide que se una a un comité, podría usted comprometerse durante un mes y entonces ver cómo se siente al respecto antes de comprometerse por un año o más. Nunca dude en ser sincero con las personas, dejándoles saber que tomar la decisión correcta es muy importante para usted, y que no quiere hacer un compromiso a largo plazo sin probar las aguas, por así decirlo. Yo siempre meto el dedo de mi pie en el agua de la piscina antes de zambullirme, sencillamente porque no quiero ser sorprendida por su temperatura. Si el primer paso funciona, entonces dé otro y después otro.

Todas las cosas grandes comenzaron como cosas pequeñas. Las personas con una gran fe comenzaron ejercitando su pequeña fe, y a medida que lo hicieron experimentaron la fidelidad de Dios y su fe creció. Nuestro ministerio comenzó como un estudio bíblico en nuestra casa. Los primeros cinco años tuvimos una asistencia de veinticinco personas. Ahora tenemos un ministerio mundial con oficinas en dieciocho países.

La Palabra de Dios nos alienta a no menospreciar los días de los pequeños comienzos, así que si usted es una persona indecisa, le sugiero que comience a ser decisiva primero en pequeñas áreas. Tome decisiones más rápidas sobre lo que quiere comer, vestir o hacer con su tiempo hoy. Yo he comido fuera con personas que pueden mirar el menú durante cuarenta y cinco minutos antes de decidir lo que quieren. Incluso cuando piden, podrían decir: "Aún no sé lo que quiero, así que supongo que pediré esto". Puedo entender tomar un poco de tiempo para decidir, pero estar en una indecisión tan grande probablemente sea un indicador de un problema más profundo.

Todos sabemos lo que le sucede a nuestro día si comenzamos con la actitud de levantarnos de la cama y esperar a ver lo que sucede. Yo tenía una amiga en una ocasión que me llamaba cada mañana para ver lo que yo iba a hacer ese día. Pasábamos mucho tiempo juntas, y ella no quería hacer ningún plan hasta que supiera lo que yo iba a hacer. Yo con frecuencia respondía preguntando: "¿Qué vas a hacer tú hoy?". Ella decía: "No lo sé, pensé que vería qué vas a hacer tú". Este tipo de pasividad y vaguedad extremas es peligroso. Nunca permita que las decisiones de otras personas sean la dirección para las decisiones de usted.

Me gusta decir: "Tenga un plan y esté preparado para cambiarlo si Dios le interrumpe por algo que Él necesite". Es posible planear demasiado, pero no tener ningún plan en absoluto es la semilla para una vida desperdiciada.

Cuando tome una decisión, aunque sea pequeña, intente seguirla. Dios no es el autor de confusión; por tanto, no llegue a estar confuso mediante el razonamiento excesivo acerca de su decisión. Me encanta la escritura que dice: "Concentren su atención" (véase Colosenses 3:2). Tristemente, con frecuencia somos distraídos con demasiada facilidad y nos resulta difícil mantener nuestra mente fija en una dirección. Desarrolle el hábito de ser decisivo; no sea de doble ánimo, no vacile ni dude. Comience a confesar diariamente que es usted una persona decisiva y que toma decisiones sabias.

CAPÍTULO
7

Conducta 4: Hábitos saludables

Cuantos más buenos hábitos desarrolle, menos tendrá que luchar con los malos. Yo soy una firme creyente en concentrarse en las cosas buenas en lugar de hacerlo en las malas. Los hábitos saludables realmente resuelven muchos otros hábitos malos. Por ejemplo, si me siento sana y con energía, es más probable que sea fácil llevarse bien conmigo, y no tengo que tratar el mal hábito de ser malhumorada. Cuando me siento bien, estoy feliz, soy más amigable y demuestro más paciencia.

El mundo está lleno de personas poco sanas. Miles de millones de dólares se gastan en visitas a médicos, y en medicinas y tratamientos para ayudarnos a sentirnos mejor. Probablemente, se emplean millones de horas en nuestras enfermedades, cuando muchas de ellas podrían haber sido evitadas por tener hábitos más saludables anteriormente en la vida.

Por favor, no espere hasta estar enfermo para escoger la salud. Un gramo de prevención vale más que un kilo de curación. En mi libro *Luzca estupenda, siéntase fabulosa* cubro con detalle muchos principios de prevención, pero en este capítulo quiero hablarle sobre algunos de los que quizá sean los más urgentes para todos nosotros.

Su cuerpo es la casa de Dios

Fueron comprados por un precio. Por tanto, honren con su cuerpo a Dios.

1 Corintios 6:20

¿Es usted un inversor o un jugador? ¿Está invirtiendo en la buena salud ahora para poder cosechar beneficios más adelante? ¿O está jugando a que puede no hacer nada, o incluso abusar de usted mismo al tener muchos malos hábitos poco sanos, y no sufrir consecuencias? Tristemente, muchas personas son jugadores en lo que respecta a su salud, pero no son sabios. Un hombre sabio invertirá en su propio yo tomando decisiones que le mantendrán sano y fuerte no sólo en el presente sino también en el futuro. Al igual que un sabio inversor financiero prescindirá de algunas cosas ahora a fin de invertir para el futuro, así también deberíamos disciplinarnos a nosotros mismos para conservar nuestra energía y nuestra salud.

Según la Palabra de Dios, somos el templo de Él, o su casa. Él vive en nosotros. Las instrucciones en el Antiguo Testamento sobre cómo construir, decorar y cuidar del templo eran detalladas y abundantes. No debía caer en el deterioro debido a periodos de negligencia, y si eso sucedía, estaban diseñados programas completos para reconstruirlo y repararlo. ¿Necesita usted una capa nueva de pintura, o necesita todo un programa para reconstruir y reparar su salud? Si necesita desarrollar hábitos saludables, póngalo en lo alto de su lista de hábitos a desarrollar, posiblemente justamente después de desarrollar el hábito de pasar tiempo con Dios, porque su salud le afecta a usted y a todas las personas con las que tiene una relación en diversos ámbitos. Una de las maneras en que podemos mostrar nuestro amor y apreciación por Dios es siendo buenos administradores de la salud que Él nos da. Su cuerpo es el vehículo que usted necesita para estar en la tierra, y si lo destruye no puede ir a una tienda y comprar otro. Dios tiene un destino para usted, y hay alguna tarea especial que solamente usted puede realizar. Es importante que viva el tiempo suficiente para hacer lo que Dios le haya asignado que haga.

A finales de 2006 yo me harté de sentirme cansada la mayor parte del tiempo, y no me gustaba el modo en que comenzaba a verme físicamente. Por tanto, entré en un programa para reconstruir y reparar mi cuerpo. Sentía que Dios me había mostrado que si no comenzaba a hacer ejercicio regularmente, no estaría fuerte para el último tercio de mi viaje aquí en la tierra. Es muy importante para mí que termine aquello para lo que Dios me tiene aquí, y por eso me tomé en serio sus instrucciones.

Firmé un contrato de un año en un gimnasio, me aseguré de tener una entrenadora personal y un nutriólogo, y me puse a trabajar. Años después, estoy muy contenta de haber emprendido la acción cuando lo hice. Sí, tenía dolores musculares gran parte del tiempo y extrañaba los alimentos grasosos y dulces que estaba acostumbrada a comer, pero sobreviví, y poco después había desarrollado hábitos más saludables. Requirió, y sigue requiriendo, una inversión de mi tiempo, pero creo que soy una mejor persona hoy de lo que era entonces en muchos aspectos.

Mark Twain dijo: "El único modo de mantener su salud es comer lo que usted no quiere, beber lo que no le gusta y hacer lo que preferiría no hacer". En muchos aspectos es una frase verdadera, pero la buena noticia es que aunque puede que comience sin que le gusten algunas de las cosas que necesitará hacer, finalmente se acostumbrará a ellas y las deseará tanto como ahora le disgustan. Si yo tengo que pasarme sin ir al gimnasio durante algunos días, mis músculos realmente desean el ejercicio. Suena imposible, ya lo sé, pero es cierto. Actualmente deseo comer verduras, y para el almuerzo tendré varias verduras al grill o al vapor. Me resulta difícil creerme a mí misma, pero estoy siendo sincera. Nuestros cuerpos no son realmente tan inteligentes. Solamente desean lo que nosotros les damos repetidamente. Si es malo, ellos querrán lo que es malo, y si es bueno, querrán eso. Puede usted refrenarse para disfrutar elecciones más saludables en todas las áreas de la vida.

Hay muchos libros maravillosos disponibles sobre nutrición que le ayudarán si no tiene formación en esta área. Hágase un favor a usted mismo y compre y lea uno de ellos, porque el conocimiento que obtendrá renovará su mente y le ayudará a tomar decisiones más saludables. Desde luego, le recomiendo mi propio libro *Luzca estupenda, siéntase fabulosa*, y también le recomiendo los libros del Dr. Colbert. Él es un maravilloso médico y nutricionista cristiano, y ha ayudado a miles de personas a desarrollar hábitos saludables. Perecemos por falta de conocimiento, así que esté dispuesto a educarse a usted mismo en cualquier área en la que necesite ayuda.

Desestresar

El estrés es la enfermedad del siglo XXI. Es el culpable que está detrás de un alto porcentaje (he oído cifras tan elevadas como el 80 por ciento) de todas nuestras enfermedades. Nuestros cuerpos están creados para manejar el estrés a menos que se vuelva excesivo y repetitivo. Cuando así sucede, estamos en peligro de muchos resultados poco sanos. Si quiere mejorar su salud, debe tomar la decisión de no permitir el estrés excesivo en su vida. La vida probablemente no cambiará, así que eso significa que tendrá usted que cambiar su modo de enfocar la vida y responder a ella. Por ejemplo, preocupación, ansiedad y temor son importantes factores de estrés, y podemos eliminarlos al confiar en Dios y poner nuestra preocupación sobre Él.

El estrés excesivo produce demasiada cantidad de la hormona cortisol en nuestro cuerpo, y eso es peligroso. Las personas pueden realmente volverse adictas a ella, como a una droga. Cuanto más viven con el pedal del acelerador de su vida presionado hasta el fondo, más estresadas se sienten, y lo aborrecen, pero se acostumbran tanto a ello que lo desean. No saben cómo descansar y relajarse. Las personas presumen de vivir en el carril más rápido de la vida, pero verdaderamente es ahí donde se producen la mayoría de accidentes. La mayoría de personas, cuando se les pregunta si estaban demasiado ocupadas, dirían que sí. Pero es interesante que ellas sean las únicas que pueden tomar la decisión de cambiar de carril. La mayoría de personas se quejan todo el tiempo de sus horarios, pero nunca hacen nada al respecto. Quejarse y no hacer nada para mejorar una situación es una total pérdida de tiempo y algo muy necio.

A continuación está lo que incluso un poco de cortisol hace en su cuerpo. Hace que su corazón marche en quinta velocidad, latiendo cuatro veces más rápido que su ritmo natural, y hace lo mismo por sus pulmones. Contrae los vasos sanguíneos y eleva su presión sanguínea hasta niveles peligrosos.

Hace que su boca se reseque y cierra su estómago y sus intestinos. Retira la sangre de su cara y de su piel, y mezcla su sistema inmunológico. Causa estragos en su sueño, apaga el interés sexual y la capacidad reproductora. Ralentiza la sanidad y aumenta su riesgo de enfermedad periodontal, enfermedades cutáneas y enfermedades auto-inmunes. Cierra la memoria a corto plazo y el pensamiento racional; realmente encoge parte de su cerebro. Incluso le hace comer en exceso. Sabemos que muchas personas comen en exceso debido al estrés; es uno de esos patrones de los que hablamos anteriormente. Cuando se sienten estresadas, habitualmente acuden a la comida para encontrar consuelo.

Suena a malas noticias, ¿no es cierto? Usted pensaría que las personas harían todo lo posible para librarse de esta "droga". Sin embargo, nos damos a nosotros mismos dosis de ella cada día. Yo fui adicta a ella durante muchos años de mi vida. Como dije, podemos manejar cantidades normales de estrés. El cortisol es útil cuando usted necesita responder a un incidente estresante, como evitar chocarse con un auto cuando alguien de repente se mete delante de usted en la autopista. Todos los efectos físicos del cortisol tienen lugar en el cuerpo, pero el cuerpo pronto regresa a la normalidad cuando el peligro ha pasado y el estrés ha terminado. Pero cuando el estrés es continuo, agota su cuerpo. Es imposible estar sano y mantener elevados niveles de estrés durante un largo periodo de tiempo. Desarrolle el hábito de vivir sabiamente ahora para no estar totalmente agotado cuando llegue a los cuarenta o cincuenta años de edad.

Si ya ha pasado años sin ocuparse de usted mismo y está enfermo, cansado y agotado, no crea que es demasiado tarde para usted. Comience a desarrollar hábitos saludables en este momento, y toda buena decisión que tome ahora comenzará a reparar cualquier daño que se haya causado. Nunca es demasiado tarde para comenzar.

Comience a prestar atención a lo que causa que experimente estrés, y haga cambios. Es tan sencillo como eso, y si usted lo complica más, es más que probable que nunca cambie. A pesar de las muchas razones y excusas que tengamos para vivir con estrés, lo cierto es que podemos eliminar mucho estrés de nuestras vidas si verdaderamente queremos hacerlo.

Siete pilares para una buena salud

El Dr. Don Colbert recomienda los siguientes siete pilares para una buena salud. Todos ellos son cosas básicas y sencillas, pero también pueden ser transformadores si los convertimos en hábitos saludables en nuestra vida.

1. Beber mucha agua

Los expertos dicen que deberíamos beber la mitad de nuestro peso corporal en agua cada día. Sé que podría usted pensar: "Si yo hiciera eso me ahogaría". Pero beber mucha agua mejorará su metabolismo y puede ayudarle a perder peso; también aumenta su nivel de energía. Cuanta más agua beba, más querrá beber. Si no está bebiendo suficiente agua, comiencen de inmediato. Beba agua pura y limpia, y si no puede obtenerla del grifo de su casa, entonces adquiera un filtro o compre agua embotellada. La mejor manera de formar el hábito de beber agua es tenerla a su lado en todo momento. Haga que el agua sea su principal bebida en casa. Cuantas menos opciones tenga en su refrigerador o en sus armarios, más inclinado estará a escoger el agua.

Muchas personas dicen que no les gusta el agua, pero sólo se debe a que no están acostumbradas a beberla. Recuerde: su cuerpo finalmente deseará lo que usted le dé. A mi padre no le gustaba el agua y no la bebía, y murió con fallo renal. El agua es lo único que limpia adecuadamente nuestro cuerpo de toxinas peligrosas. La mayor parte de nuestro cuerpo está compuesto por agua, y como el agua se evapora todo el tiempo, debemos sustituirla continuamente.

2. *Sueño y descanso apropiados*

Ya puedo escuchar las excusas que bombardean su cerebro. No tiene usted suficiente tiempo para dormir las ocho horas recomendadas en la noche. Pero lo cierto es que si usted no lo hace, probablemente se esté quedando sin tiempo con más rapidez de la que cree. Algunas personas no necesitan tantas horas de sueño como otras, pero la mayoría de nosotros necesitamos todas las que podamos conseguir. Si usted se cansa mucho, una de las primeras cosas que debe preguntarse es: "¿Estoy durmiendo lo suficiente?". Nuestras vidas pueden verse acortadas por no dormir y descansar adecuadamente. La mente no funciona apropiadamente sin ese descanso, y nuestro sistema inmunológico se ve comprometido y es más apto para volverse incapaz de luchar contra la enfermedad.

Me resulta muy interesante que Dios nos crease con la capacidad de cerrar todo y dormir. Nuestros cuerpos entran en un estado de renovación y reparación durante nuestras horas de sueño, y somos renovados mentalmente, emocionalmente y físicamente para el siguiente día. Muchas personas tienen problemas para dormir y quizá necesiten atención médica, pero con mayor frecuencia la incapacidad para dormir está relacionada con el estrés.

Aprender a descansar también le ayudará a dormir mejor. Yo necesito unas tres o cuatro horas en la noche para descansar. Cuando las obtengo, duermo muy bien el 99,9 por ciento de las veces. He desarrollado el hábito de irme a dormir a las 9:00 de la noche y levantarme a las 5:00 de la mañana a menos que esté viajando y enseñando, y funciona bien para mí con el resto de mi estilo de vida. Creo que es una de las razones por las que me siento tan bien como me siento y puedo lograr tanto como hago, aunque en mi próximo cumpleaños llegaré a los setenta. Mi calendario puede que no funcione para usted, y no estoy sugiriendo que tenga que encajar, pero debería usted tener una hora regular para irse a la cama e intentar dormir de siete a ocho horas cada noche.

El descanso es un mandamiento en la Palabra de Dios. Dios instituyó el día de reposo no sólo para la adoración sino también para descansar. Necesitamos honrar el principio del día de reposo en nuestras vidas al descansar regularmente. La mayoría de las personas con quienes hablo están cansadas, y expresan su necesidad de tener un poco de descanso, o cierto tiempo libre, o algo de tiempo para ellos mismos. Pero solamente hablar no nos ayuda a mejorar nuestra salud. Debemos emprender la acción. Desarrolle el saludable hábito del sueño y descanso regulares, y disfrutará mucho más del resto de su vida.

3. Comer alimentos de calidad

El Dr. Colbert denomina *alimentos vivos* a los alimentos de calidad, y es vital si queremos obtener los nutrientes que necesitamos para nuestro cuerpo. Comer las cosas que crecen de modo natural en la tierra, como muchas frutas y verduras, es uno de los mejores lugares donde comenzar su viaje hacia los hábitos saludables. Esos alimentos vivos son elevados en nutrición y fibra. Compre alimentos de calidad (orgánicos si es posible) que tengan un buen sabor para usted, y los disfrutará mucho más. Tristemente, a la mayoría de alimentos preparados les han quitado los nutrientes naturales y les han añadido conservantes poco sanos para que se conserven por más tiempo en los estantes de los supermercados.

Aprenda a leer las etiquetas, y se sorprenderá por lo que podría estar metiendo en su cuerpo. Si usted toma decisiones alimentarias para su familia al igual que para usted mismo, la importancia de hacerlo se multiplica.

Coma más pescado, pollo y pavo y menos carne roja grasosa. Si es posible, coma carne orgánica o carne que esté libre de hormonas. El dicho de que somos lo que comemos es más cierto de lo que puede que queramos admitir.

Estoy segura de que se estará preguntando si puede comer algún postre, y mi respuesta sería sí pero con moderación. Algunos nutricionistas y expertos en salud le dirán que no, nada de azúcar, pero yo ya sé que no es muy probable que eso suceda a menos que sea usted una de esas personas inusuales a quienes no les gusta el dulce. Yo como postre dos veces por semana, y eso funciona para mí. Lo disfruto cuando lo como, y no me siento privada, pero no es excesivo. Yo como de modo saludable y hago ejercicio, y por eso siento que mi cuerpo puede manejar un poco de azúcar dos veces por semana. Dave es sensible al azúcar y casi nunca lo come. Todos somos diferentes, de modo que usted tendrá que desarrollar su propio plan alimentario con la ayuda de Dios, y creo que Él le guiará basado en las necesidades únicas de su cuerpo.

Una de las pautas cardinales acerca de comer sano es hacer todas las cosas con moderación a la vez que tiene tanta variedad en su dieta como sea posible. También, disfrute por favor de lo que come. Yo creo que Dios nos dio papilas gustativas por una razón, y Él quiere que disfrutemos de los alimentos que comemos.

Resolver el problema del peso

Sé que muchas personas batallan con tener sobrepeso, y que perder ese peso puede convertirse en el enfoque de sus vidas. También yo tuve sobrepeso por muchos años y viví haciendo diversas dietas, ninguna de las cuales funcionó a largo plazo. Finalmente entendí que la respuesta era que necesitaba un estilo de vida saludable, y no otra dieta. Creo que si se enfoca en estar sano en lugar de en estar delgado, finalmente llegará al peso que sea correcto para usted.

4. Ejercicio

El valor del ejercicio es tremendo. Después de haber estado haciendo ejercicio en el gimnasio por un año, mi entrenadora me dijo que incluso si lo dejaba entonces, me seguiría beneficiando durante quince años de ese año que había empleado en hacer ejercicio. Hay múltiples formas de ejercicio, y sencillamente quiero instarle a que escoja uno que encaje con usted, que pueda aprender a disfrutar y que convierta en un hábito. Camine, vaya en bicicleta, nade, juegue a un deporte activo, haga ejercicio con pesas o consiga un video de ejercicios. Las opciones son interminables, de modo que escoja una y comience. Incluso si siente que no puede hacer mucho, hacer algo es mejor que no hacer nada.

5. Suplementos

No todo el mundo quiere tomar vitaminas y otros suplementos, y esa decisión tendrá que tomarla usted. Dave y yo tomamos ambos muchos suplementos porque queremos hacer todo lo que podamos para asegurarnos de estar bien nutricionalmente hablando. Mi consejo sería tomar al menos un complejo vitamínico diariamente, vitamina D extra, y cualquier otra cosa que pudiera usted necesitar concretamente. Por ejemplo, algunas personas necesitan tomar hierro pero otras no. Si usted quiere tomar suplementos pero tiende a olvidarse, entonces haga algo que le ayude a recordarlo. Sitúelos donde tendrá que verlos, escriba una nota, o programe una alarma en su teléfono.

6. Desintoxicación

Todos tenemos acumulación tóxica en nuestros cuerpos, y esas toxinas necesitan ser eliminadas. La acumulación tóxica puede ser la raíz de muchos achaques físicos. Algunas toxinas son expulsadas mediante la respiración, y muchas otras son expulsadas mediante los riñones y los intestinos. El ejercicio nos hace sudar, y esa es otra manera excelente de desintoxicación. Las saunas en casa al igual que otros métodos de desintoxicación están disponibles, y quizá quiera examinar esas opciones.

7. *Manejo del estrés*

Ya hemos hablado del estrés en este capítulo, y está incluido en la lista del Dr. Colbert. Quiero volver a enfatizar la importancia vital de eliminar de su vida tanto estrés como sea posible. Puede que necesite desarrollar varios hábitos saludables para sentir que ha llegado a la salud óptima, y si ese es el caso, no se sienta abrumado. Podría comenzar localizando algo que come demasiado y bien eliminarlo por completo o aprender a comerlo con moderación. Quizá podría comenzar a descansar y relajarse durante una hora cada día y ver qué diferencia se produce. Pruebe a utilizar parte de su hora del almuerzo en el trabajo para dar un paseo. Sencillamente tome algunas decisiones, comience, y esté decidido a disfrutar de una vida saludable, vibrante y llena de energía.

CAPÍTULO
8

Conducta 5: El hábito felicidad

Dichoso el que halla sabiduría,
el que adquiere inteligencia.
Proverbios 3:13

Todo el mundo quiere ser feliz. De hecho, creo que ese deseo es lo principal que nos motiva en la mayoría de cosas que hacemos. Pero ¿sabemos verdaderamente lo que nos hace genuinamente felices? ¿Y es la felicidad sólo un sentimiento o una emoción que buscamos, o es más profundo que eso?

Abraham Lincoln dijo: "Las personas son tan felices como se propongan serlo en su mente". Estoy de acuerdo. Estoy convencida de que la felicidad es una elección y un hábito que podemos desarrollar. Primero escogemos la felicidad, y después seguirán los sentimientos. El salmista David dijo. "Éste es el día en que el Señor actuó; regocijémonos y alegrémonos en él" (Salmos 118:24). La afirmación "regocijémonos" es el factor decisivo en el disfrute de nuestro día. Si usted no decide ser feliz, siempre habrá algo para robar su gozo y envenenar su felicidad.

Jesús nos dijo que en el mundo tendremos tribulación, y su sugerencia era alegrarnos (Juan 16:33). El gozo nos da fortaleza para manejar los problemas que sí tenemos. La tristeza de cualquier tipo nos quita la energía y quebranta nuestro espíritu. Uno de los mejores hábitos que puede usted desarrollar es el hábito felicidad. Cuantos más días felices experimente, más se negará a ser infeliz. Ser infeliz por algo es una pérdida de tiempo y no cambia nada; por tanto, ¿por qué serlo?

> *Cada mañana cuando abro mis ojos me digo a mí mismo: yo, no los acontecimientos, tengo la capacidad de hacerme feliz o infeliz hoy. Puedo escoger cómo estaré. El ayer está muerto, y el mañana no ha llegado aún. Tengo solamente un día, hoy, y voy a ser feliz en él.*
>
> Groucho Marx

Parece que Groucho Marx estaba de acuerdo con el salmista David, quien estaba de acuerdo con Dios. Dios quiere que seamos felices y disfrutemos de la vida. Jesús dijo que Él vino para que pudiéramos tener y disfrutar una vida abundante (Juan 10:10). ¿Tomará la decisión de hacer feliz a Jesús al ser feliz usted mismo?

Otra idea parecida que es poderosa es: "El ayer es historia, el mañana es un misterio, y el hoy es un presente".

Enfoque

Cuando enfocamos nuestro tiempo y atención en cosas que nos resultan malas, nos sentimos tristes, enojados o ansiosos. Enfocarse en las cosas buenas nos hace sentir bien, emocionados, vigorizados y entusiastas. Se ha dicho que enfocarse en las cosas buenas es la primera ley de la felicidad, porque aquello en que nos enfocamos (pensamos) determina nuestros sentimientos. Dios nos ha dado la capacidad de escoger la felicidad independientemente de lo que suceda a nuestro alrededor. No estoy sugiriendo que ignoremos nuestros problemas, pero existe una gran diferencia entre enfocarnos en ellos y trabajar hacia resolverlos.

Nunca será usted regularmente feliz si cree que la felicidad está determinada por lo que sucede a su alrededor o lo que le sucede a usted. ¿Cree que puede escoger la felicidad y convertirla en un hábito? Si lo cree, entonces es momento de ponerse a trabajar para reposicionarse a usted mismo y su perspectiva poniendo sobre todo la mejor construcción posible. Una persona negativa no puede ser feliz, y una persona persistentemente positiva no puede ser infeliz, al menos no por mucho tiempo.

Examine sus metas

¿Está apuntando a lo correcto? Con frecuencia pensamos que algo nos hará feliz si podemos obtenerlo, solamente para quedar defraudados cuando logramos nuestra meta y descubrimos que seguimos siendo tan infelices como antes. La experiencia nos enseña que las cosas no pueden mantenernos felices por mucho tiempo. Multitudes de personas han tenido la experiencia de poner su carrera por delante de todo lo demás. Trabajan demasiadas horas, ignorando el desarrollo de las relaciones personales y familiares, y con frecuencia terminan siendo ricos y solitarios, y posiblemente enfermos. Pueden comprar todo lo que quieran pero no tienen a nadie con quien compartirlo, e incluso aunque lo tuvieran, no se sentirían lo bastante bien para disfrutarlo.

Las buenas relaciones y la buena salud son dos de las cosas que alimentan la felicidad, y deberían estar en lo más alto de nuestra lista de metas.

Como ya he dicho, nuestra meta número uno debería ser desarrollar una relación cercana, íntima y personal con Dios por medio de Jesucristo. Estar en continua comunión con Dios y aprender a obedecerle en todas las cosas le hará más feliz de lo que podría jamás imaginar. Ya que Dios es vida, ¿cómo podemos esperar disfrutar de la vida apartados de Él? Si las personas están tan ocupadas intentando subir la escalera del éxito que no tienen tiempo alguno para Dios, puede que lleguen a lo más alto, pero descubrirán que su escalera ha estado apoyada en el edificio equivocado. Han pasado sus vidas intentando llegar a algún lugar pero descubren que no es donde querían estar después de todo.

En mi búsqueda personal de la felicidad, descubrí que mi gozo es alimentado por hacer cosas por otras personas. Si vivimos para hacer felices a los demás, Dios traerá a nuestra vida una cosecha de gozo. Amar a Dios y a las personas es la clave de la felicidad diaria para mí. A pesar de qué tipo de problema tenga yo, si me enfoco en lo que puedo hacer para poner una sonrisa en la cara de otra persona, descubro que eso me hace feliz. La psicóloga Greta Palmer dijo: "Solamente son felices quienes tienen su mente en algún objeto que no sea su propia felicidad… en la felicidad de otros… en la mejora de la humanidad".

Con respecto al servicio a los demás, Jesús dijo: "¿Entienden esto? Dichosos serán si lo ponen en práctica" (Juan 13:17).

¿Qué cree usted?

Nuestras creencias personales pueden afectar mucho a nuestro nivel de gozo y felicidad. Necesitamos creer que Dios nos ama y que tenemos un propósito en la vida. Las personas sin propósitos son frecuentemente muy infelices, al igual que las personas que no se sienten queridas. Usted es amado y Dios tiene sus ojos sobre usted en todo momento. Él tiene un buen plan para su vida y necesita que usted cumpla su papel en el plan maestro de Él.

¿Cree usted que hay esperanza de cambio a pesar de cuáles sean sus circunstancias actuales? He descubierto que las personas con esperanza son algunas de las personas más felices del mundo. La esperanza es poderosa. Considere las siguientes escrituras:

> Y no sólo en esto, sino también en nuestros sufrimientos, porque sabemos que el sufrimiento produce perseverancia; la perseverancia, entereza de carácter; la entereza de carácter, esperanza. Y esta esperanza no nos defrauda...
>
> Romanos 5:3-5a

Si creemos que nuestros problemas están forjando un carácter fuerte y probando la integridad en nosotros, entonces podemos tener una esperanza confiada y gozo incluso en medio de ellos. Las personas que pueden permanecer felices a pesar de cuáles sean sus circunstancias son ciertamente poderosas.

Examine su sistema de creencias y vea si algunas de sus propias creencias están contribuyendo a la falta de felicidad en su vida. ¿Está confiando (creyendo) en Dios en todas las áreas de la vida? La Biblia dice en Romanos 15:13 que gozo y paz se encuentran en el creer.

¿Qué cree acerca de usted mismo? Si cree que es un fracasado, no querido e indigno, y que es demasiado tarde para que usted tenga una buena vida, entonces debe cambiar lo que cree acerca de usted. Crea lo que Dios dice de usted en su Palabra, y no lo que otros le hayan dicho, o incluso el modo en que usted se siente. Cambie de opinión y comience a creer cosas que aumentarán su gozo.

¿A qué está esperando?

¿Está postergando la felicidad hasta cualquier otro momento? Yo personalmente intento evitar decir: "Seré feliz cuando…", e intento ser feliz ahora. Caemos en la trampa de pensar: "Seré feliz cuando sea viernes y reciba mi salario, y tenga el fin de semana libre". O: "Seré feliz cuando lleguen las vacaciones", o "cuando me jubile y ya no tenga que trabajar", o "cuando los niños sean adultos y mi vida me pertenezca". Puede haber millones de *cuándos* que eviten que disfrutemos *ahora*. Tome la decisión de no basar su felicidad en algún acontecimiento futuro, ¡y sea feliz hoy! Sería mejor decir: "Disfrutaré de las vacaciones cuando lleguen, pero en este momento soy feliz".

Aprenda a disfrutar de la vida cotidiana y común porque por de eso está constituida la mayor parte de la vida. No podemos basar nuestra felicidad en los pocos acontecimientos especiales que tenemos en el curso de nuestra vida, porque si lo hacemos, nos perderemos mucha felicidad. No tiene usted que ser feliz sólo los viernes; puede también ser feliz los sábados, domingos, lunes, martes, miércoles y jueves. Inténtelo, y descubrirá que puede hacerlo si quiere.

El único modo en que podemos evitar tener lamentos mañana es tomar mejores decisiones hoy. ¿Qué hará usted con el hoy? Es suyo como un regalo de Dios, y le insto a no desperdiciarlo al estar triste por algo que su tristeza de todos modos no cambiará.

¿Está esperando a que alguna fuerza exterior le mueva para sentirse feliz? Si es así, puede que se quede esperando mucho, mucho tiempo. Forme el hábito de decidir cómo vivirá cada día, sin esperar a ver cómo se siente. Lo único que se puede hacer con la vida es disfrutarla, y eso no sucederá a menos que usted forme el hábito de hacerlo. Si tiende a estar triste e infeliz (lo cual es también un hábito), ponga algunas caras sonrientes por su casa para recordarle que comience su viaje de felicidad sonriendo más. Si usted sonríe, eso le hará sentir un poquito más feliz, y podría volverse adicto al sentimiento y querer cada vez más.

¿Está esperando a que alguna otra persona en su vida cambie su conducta para que usted pueda ser feliz? Si es así, ese es un inmenso error. ¿Por qué debería permitir que las decisiones de otra persona determinen su nivel de gozo? Además, ninguna otra persona puede hacerle permanentemente feliz; no su cónyuge, no su hijo, no su amigo.

Melanie es una mujer de sesenta años de edad que ha estado casada por más de cuarenta años. Su esposo, Don, es profesor de Historia en una pequeña universidad cristiana. A Don siempre le ha gustado la Historia y obtiene una tremenda satisfacción de la enseñanza. La Guerra Civil es su pasión, y en su tiempo libre escribe libros sobre batallas concretas o individuos clave de la guerra.

Un día, Melanie confió a una amiga que había sido

infeliz por años porque Don no ganaba suficiente dinero para proporcionarles bonitas vacaciones o cosas que ella quería, como muebles bonitos para la casa o un armario más grande. La mayor parte del tiempo cuando Melanie se quejaba, sus amigas sentían lástima por ella y le decían que se merecía cosas bonitas. Pero aquella amiga en particular dijo. "Melanie, Don no es el responsable de su felicidad. Tú lo eres. A Don le encanta su trabajo, no está interesado en hacerse rico, y aunque lo estuviera, tiene sesenta años, así que haz la cuenta. Si quieres ser feliz, es mejor que pienses lo que puedes hacer al respecto, porque esa no es tarea de Don".

Han pasado seis años, y la amiga de Melanie me dijo recientemente que Melanie le escribió una carta agradeciéndole su amor firme. Melanie se hizo responsable de su propia felicidad, y dijo que su matrimonio nunca ha sido mejor. No sólo eso, sino que también aprendió que ella es guionista. Ha escrito una obra de teatro que se representa en teatros regionales. Ahora está feliz y satisfecha.

No podemos controlar a las personas, y cuanto antes aprendamos eso, más felices seremos. Yo he entendido en los dos últimos años que la mayor parte de mis "días infelices" están causados por cosas que otras personas hacen o no hacen. Alguien podría ofenderme o herir mis sentimientos. Podrían tomar decisiones que les están dañando, y debido a que los quiero, sus decisiones me hacen daño. A veces, las personas son groseras e irrespetuosas, y eso me hace daño. Somos dañados y defraudados por las personas, pero no tenemos que quedarnos en lo que ellos hacen. Podemos entender que se están dañando a sí mismos más de lo que nos dañan a nosotros, y permitir que ese conocimiento nos motive a orar sinceramente por ellos en lugar de sólo sentir lástima de nosotros mismos y perder nuestro gozo.

Hágase responsable de su propio gozo y felicidad, y nunca más vuelva a basarlo en lo que haga otra persona.

Piense menos y ría más

La risa son unas vacaciones instantáneas.

Milton Berle

Cuando nos reímos, nos olvidamos momentáneamente de todas nuestras preocupaciones y batallas. ¡La risa es maravillosa! Nos da energía y es una de las cosas más saludables que podemos hacer. A veces pensamos demasiado, intentando solucionar demasiadas cosas, y nos volvemos tan intensos que nos olvidamos de reírnos de nosotros mismos al igual que de muchas otras cosas en la vida.

La risa puede sacar a una persona de la depresión y la desesperación, y puede convertir un día común en un día memorable. Mi hija Laura y yo parece que somos capaces de reírnos de casi todo. Somos muy diferentes la una de la otra en personalidad, pero nuestra química cuando estamos juntas es divertidísima. En lugar de ser irritada por nuestras diferencias, ella piensa que yo soy divertida, y yo siento lo mismo con respecto a ella. Cuando amamos a las personas incondicionalmente, podemos dejarles ser ellas mismas sin estar irritados por todo lo que hacen y que no es el modo en que nosotros lo haríamos.

Le insto encarecidamente a que encuentre a algunas personas que le hagan reír y pase más tiempo con ellas. La risa es posiblemente más importante de lo que usted cree. Dave y yo intentamos reír todo lo que podamos.

Dios me dijo en una ocasión que yo pensaba demasiado. Era una persona bastante profunda e intensa, que quería entender todos mis actos al igual que a cada persona y acontecimiento en mi vida. Mi razonamiento sólo me dejaba confusa. Desperdicié mucho tiempo intentando entender cosas que Dios no estaba preparado aún para explicar. Tuve que llegar a sentirme cómoda con no saberlo. ¿Es usted capaz de hacer eso? ¿Puede no saber la respuesta a algo y seguir adelante y disfrutar de su día, o es usted como yo era, profunda, intensa y sin gozo? Estoy muy agradecida de que Dios me haya ayudado a formar el hábito felicidad, y es mi oración que usted comience enseguida a desarrollar el suyo si aún no lo ha hecho.

El niño promedio se ríe 150 veces al día, mientras que el adulto promedio sólo se ríe de cuatro a ocho veces al día. No es sorprendente que Dios nos diga en su Palabra que debemos volvernos como niños. Mark Twain dijo que nuestra arma más eficaz es la risa. Puede que usted piense: "Bueno, Joyce, sencillamente no sabe lo infeliz que es mi vida, y si lo supiera, no me estaría diciendo que me ría". Entiendo que hay cosas trágicas que suceden en la vida, y ciertamente momentos en que la risa no sería apropiada, pero hay muchas cosas que permitimos que nos entristezcan cuando sería mejor si nos riésemos más.

¿Está permitiendo que "usted" le haga infeliz?

Una raíz de gran parte de nuestra infelicidad es simplemente que no estamos felices con nosotros mismos. No estamos felices con nuestro aspecto, nuestros talentos o nuestro nivel de perfección. Puede que nos comparemos con otros en lugar de ser felizmente la persona que debemos ser.

Todos cometemos errores, y aunque queremos ser serios con respecto a los cambios que son necesarios en nuestras vidas, también es bueno aprender a reírnos de nosotros mismos y no ser tan intensos en cuanto a cada pequeño error que cometemos. Todos tenemos fallos, y es probable que cometamos algunos mientras estemos vivos, de modo que alégrese y no se tome tan en serio a usted mismo. Ethel Barrymore dijo: "Usted crece el día en que por primera vez se ríe a carcajadas de sí mismo". ¡Aprenda a disfrutar de usted!

Está en compañía de usted mismo más de lo que está con ninguna otra persona, de modo que si puede aprender a disfrutar de su propia compañía, eso mejorará mucho la calidad de su vida. No haga un inventario diario de todos sus fallos y los lamente. Confíe en que Dios le muestre lo que necesita ser cambiado, y trabaje juntamente con el Espíritu Santo hacia esos cambios. Yo he cambiado mucho en el curso de treinta y cinco años de caminar con Dios, y sigo teniendo más cambios que hacer. Me gustaría haber sabido cómo disfrutar de mí misma antes de lo que lo hice mientras realizaba el viaje, pero al menos puedo darle un buen consejo. Ser infeliz conmigo misma no me hizo cambiar con más rapidez, y tampoco le ayudará a usted a hacerlo. Le aliento firmemente a que disfrute de cada paso de su viaje hacia la madurez espiritual.

Sólo se vive una vez

Esté listo o no, algún día su vida llegará al fin. No tendrá usted una segunda oportunidad, de modo que asegúrese de vivir esta única vida que tiene a su pleno potencial. Su vida es un precioso regalo de Dios, y sería trágico si usted viviera siendo infeliz. Ponga el hábito felicidad en su lista de buenos hábitos que formar, y a medida que lo desarrolle, el mal hábito de la tristeza no tendrá ningún lugar en su vida.

Tener una vida que valga la pena vivir no sucede por accidente; es algo que debemos decidir hacer a propósito. Puedo decir verdaderamente que soy una persona genuinamente feliz, pero no fui de ese modo hasta que tomé la decisión de ser feliz.

9

Conducta 6: El hábito de la fe

Todo lo que he visto me enseña a confiar
en el Creador para todo lo que no he visto.
Ralph Waldo Emerson

Vivir por fe en Dios quita la presión de nosotros y nos permite disfrutar de toda la vida en mayor escala. La fe es la voluntad de Dios, y creo que debería convertirse y puede convertirse en nuestro hábito. La Biblia dice en Hebreos 11:6 que sin fe no podemos agradar a Dios. Romanos 14:23b dice que cualquier cosa que hagamos que no provenga de la fe es pecado. Romanos 1:17 dice que la justicia es revelada en la Palabra de Dios, y que eso nos conduce de fe en fe. Para mí, eso significa que deberíamos estar en fe en todo momento. ¡Debería ser nuestro hábito! Fe es confiar en lo que Dios dice en su Palabra, aunque puede que no tenga usted ninguna evidencia aún de su realidad. Fe es lo que nos conecta con un Dios omnipotente. Cuando no dependemos de la fiabilidad de Dios, hacemos un cortocircuito a la fe, produciendo dos trágicos resultados: falta de poder y desesperanza.

Ahora bien, la fe es la garantía de lo que se espera, la certeza de lo que no se ve.

Hebreos 11:1

Pues hemos recibido noticias de su fe en Cristo Jesús y del amor que tienen por todos los santos.

Colosenses 1:4

Estas dos escrituras nos dan una definición muy clara de lo que es fe. La fe nos llena de esperanzada expectación.

La fe verdadera nunca se encuentra sola; siempre va acompañada de expectación. El hombre que cree las promesas de Dios espera verlas cumplidas. Donde no hay expectación, no hay fe.

A. W. Tozer

La voluntad de Dios es que vivamos por fe en todo momento. Podría usted pensar en todos los malos hábitos que necesita romper y todos los buenos que necesita formar, y sentirse abrumado. Su mente quiere pensar: "Esto es demasiado, y nunca podré hacerlo". Es aquí donde entra la fe. Puede usted decir: "No sé cómo voy a hacerlo, pero estoy esperando la ayuda de Dios. Todo es posible para Dios".

Sencillamente establezca un comienzo y siga adelante día tras día. Sea alentado por cualquier progreso que haga y niéguese a ser desalentado por lo mucho que le queda aún por recorrer. Dios se agrada de que usted haya hecho un comienzo hacia formar mejores hábitos.

Tiene usted toda la fe que necesita

A veces oigo a personas decir: "Sencillamente no tengo fe suficiente para eso". Pero la verdad es que tenemos toda la fe que necesitamos para hacer cualquier cosa que sea la voluntad de Dios para nosotros. "Conforme a la medida de fe que Dios repartió a cada uno" (Romanos 12:3, RVR-1960). Todos tenemos fe, pero la clave del éxito es dónde la ponemos. Si pone su fe en usted mismo o en otras personas, quedará defraudado, pero si la pone en Dios, se sorprenderá de lo que Él puede hacer por medio de usted.

Cuando me siento delante de la computadora para comenzar a escribir un nuevo libro, aunque tengo el tema en mente y he realizado cierta investigación, sigo sin saber con seguridad lo que voy a decir. Comenzar es a veces la parte más difícil. Me quedo sentada, mirando a las teclas, y entonces finalmente pongo mis dedos sobre las teclas y las palabras comienzan a llegar a mi corazón. Entonces, día tras día y capítulo tras capítulo, por la fe finalmente termino el libro. Doy un suspiro de alivio y satisfacción porque otro proyecto ha sido completado.

La fe requiere que nos movamos. Debemos *comenzar*, y si lo que estamos haciendo es la voluntad de Dios, Él nunca dejará de ayudarnos a terminar si seguimos adelante en fe día tras día.

Usted tiene fe, pero puede que necesite crecer, y eso sucede a medida que la utiliza. Una fe pequeña puede convertirse en una fe grande a medida que usted camina sobre las promesas de Dios. Pedro fue el único discípulo que caminó sobre el agua, pero también fue el único que confió lo bastante en Dios para salir de la barca. ¿Está preparado para dejar solamente de tener una idea de la fe y comenzar a dar pasos de fe? Creo que todos comenzamos con la misma cantidad de fe, pero algunas personas nunca utilizan la que tienen, y por eso nunca crece. A medida que damos pasos de fe para ser obedientes a Dios, experimentamos su fidelidad y nuestra fe se hace más fuerte.

Considere esta historia de un equilibrista.

¿Qué es fe? Un temerario que fue etiquetado como el Gran Blonden asombraba a multitudes con sus hazañas que desafiaban a la muerte sobre las cataratas del Niágara. Señalando hacia el alambre tenso que estaba suspendido sobre una zona de las cataratas, este valiente tipo desafió a las multitudes que se habían reunido diciendo: "¿Quién cree que puedo empujar este carrito sobre las cataratas encima de la cuerda?". Entre toda la multitud se levantaban las manos. El Gran Blonden señaló a un hombre que había levantado su mano y le desafió: "Si usted cree de verdad, ¡súbase!". Nadie aceptó el reto. Dios dice que nos subamos si realmente vamos en serio.

Un hombre se cayó por un barranco pero se las arregló para agarrarse a una rama de un árbol que había en la pendiente. Se produjo la siguiente conversación:

"¿Hay alguien ahí arriba?".

"Estoy aquí. Soy el Señor. ¿Crees en mí?".

"Sí Señor, creo. De verdad creo, pero no puedo
    mantenerme agarrado mucho más tiempo".

"Muy bien. Si realmente crees que no tienes nada
    por lo que preocuparte, te salvaré. Tan sólo
    suéltate de la rama".

Un momento de pausa. Entonces: "¿Hay alguien
    ahí arriba?".

¿Está usted comprometido a vivir por fe, o meramente habla sobre la fe? La fe está en nosotros, pero debe ser soltada, y eso se hace al orar, declarar y emprender la acción. La oración lleva nuestras peticiones llenas de fe delante del trono de Dios, y Él responde. Ore con valentía, porque Él puede hacer mucho más de lo que podemos imaginar (Efesios 3:20; Hebreos 4:16).

Lo que esté en su corazón saldrá por su boca. Preste atención a lo que dice, y con frecuencia eso le ayudará a descubrir cuánta fe tiene verdaderamente. Un hombre o una mujer de fe pueden seguir hablando positivamente sobre una situación aun cuando las circunstancias no hayan cambiado. Una persona puede haber escuchado cientos de enseñanzas de la Biblia sobre la fe, pero puedo decirle si verdaderamente tiene o no fe al escucharle hablar durante un rato. Las palabras que están de acuerdo con la Palabra de Dios liberarán fe y le permitirán que salga a obrar en el ámbito sobrenatural.

Emprender la acción libera la fe. Cuando yo estoy sentada ante la computadora y pongo mis manos sobre las teclas, estoy emprendiendo la acción. Estoy liberando mi fe y Dios interviene. Eso no funcionaría para alguien que no tenga un talento para escribir, pero aunque yo sí tengo un talento, aun así debo comenzar y continuar en fe a lo largo del proceso.

Cuando Pedro salió de la barca, su acto demostró que tenía fe en la Palabra de Dios cuando oyó decir a Jesús: "Ven". ¿Le está pidiendo Dios que haga algo y usted está esperando a sentirse seguro? Si es así, eso no es fe. A fin de hacer o tener cosas mayores, normalmente se requiere de nosotros que soltemos lo que tenemos y nos dirijamos hacia lo desconocido. Dios le dijo a Abraham que dejase su país, su casa y a sus familiares para ir a una tierra que

Dios le mostraría después de que él hubiera comenzado el camino. Él tuvo que irse, sin saber a dónde iba. ¡Eso es fe!

Fe para la vida cotidiana

El tipo de fe del que hemos estado hablando se requiere para nuevos desafíos y para tareas mayores que las que hayamos confrontado previamente. Pero también hay el tipo de fe que necesitamos para la vida cotidiana: fe para pagar las facturas, mantener un buen empleo, criar a los hijos, hacer funcionar el matrimonio, llevarse bien con las personas, etc. La fe para la vida cotidiana es vital si queremos eliminar el estrés y disfrutar la vida. El hábito de la fe no dejará espacio alguno para el hábito de la preocupación. También expulsa al hábito del temor. Desarrollar el hábito de simplemente confiar en Dios en cada situación le ayudará a vencer muchos otros malos hábitos.

Verbalice su fe. Diga frecuentemente: "Confío en Dios". O: "Creo que Dios está obrando en mi vida y mis circunstancias en este momento". Hablamos por fe, pero también lo que decimos aumenta nuestra fe. En la Biblia, David dijo: "Yo le digo al Señor: «Tú eres mi refugio, mi fortaleza, el Dios en quien confío»" (Salmos 91:2).

La mejor manera de derrotar la preocupación y el temor es resistirlos enseguida cuando intenten por primera vez entrar en su mente. El apóstol Pedro dijo que deberíamos resistir al diablo en el comienzo (1 Pedro 5:9). Levante el escudo de la fe, y con él puede extinguir todos los dardos de fuego del maligno (Efesios 6:16). Desarrollar el hábito de la fe le protegerá de muchas emociones negativas y atormentadoras. Podemos aprender a vivir por fe (Romanos 1:17).

La fe está llena de esperanzada expectación y nunca tira

la toalla. Alguien ha dicho correctamente: "Cuando la fe sale al mercado, siempre lleva una cesta". Mantenga a mano su cesta porque Dios puede que la llene en cualquier momento.

Fe para el pasado

Podemos tener fe hoy que se ocupe de todos nuestros errores y fracasos del pasado. El lamento por el ayer puede arruinar nuestro presente a menos que vivamos por fe. El diablo quiere que pensemos que no podemos sobreponernos a nuestro pasado o que es demasiado tarde para que tengamos una buena vida, pero él es un mentiroso. La Palabra de Dios nos enseña que soltemos el pasado por la fe y prosigamos hacia las cosas que están delante. Si está preocupado por algo acerca de su pasado, medite en esta escritura y permita que le aliente a confiar en Dios.

> *¡Voy a hacer algo nuevo! Ya está sucediendo, ¿no se*
> *dan cuenta? Estoy abriendo un camino en el desierto,*
> *y ríos en lugares desolados.*
>
> Isaías 43:19

La realidad de esta escritura puede ser de usted simplemente liberando su fe y creyendo que a pesar de lo que haya sucedido en el pasado, Dios es mayor que su pasado. Él perdonará sus pecados, convertirá sus errores en milagros, y le dejará sorprendido por las cosas buenas que Él hará en su vida.

Fe para el futuro

Todos pensamos que nos encantaría conocer el futuro. Las personas que no saben cómo confiar en Dios puede que gasten miles de dólares consultando a adivinos y supuestos médiums con la esperanza de obtener una vislumbre del futuro. No tienen necesidad de desperdiciar su dinero. Dios es el único que conoce el futuro. Él podría escoger hablar del futuro por medio de uno de sus profetas, pero normalmente quiere que confiemos en Él. La pregunta "¿qué voy a hacer?" está con frecuencia en nuestras mentes, pero no tenemos que entretenerla. Yo no sé exactamente lo que tiene el futuro para mí, pero sí creo que sea lo que sea, será el plan bueno y perfecto de Dios. Un hombre cristiano con frecuencia decía: "Yo no conozco lo que habrá en el futuro, pero conozco a Aquel que tiene el futuro en sus manos".

Siempre que llegue a nuestra mente una preocupación acerca del futuro, podemos escoger inmediatamente la fe en Dios en lugar de la preocupación.

El estado del mundo actualmente es muy inestable, y la presión de preocuparse va en aumento. ¿Y si la economía fracasa totalmente? ¿Y si pierdo mi empleo y todos mis ahorros para la jubilación? Yo hago un viaje de cien millas (160 km) de ida y vuelta hasta el trabajo, ¿qué voy a hacer si los precios de la gasolina siguen subiendo? Nunca he tenido hijos; ¿quién se ocupará de mí cuando sea anciano? Las preguntas y las dudas son interminables si permitimos que nuestra mente vaya hasta ahí, pero también podemos escoger desarrollar el hábito de la fe. No conocemos todas las respuestas, pero podemos conocer a Dios, y Él sí conoce las respuestas. Cuando la fe es un hábito, no desperdiciaremos nuestra energía y nuestro tiempo en la preocupación.

Puede que usted tenga una situación que se cierne en el futuro y que sabe que necesitará confrontar, y sencillamente no siente que esté a la altura. No se preocupe. Dios le dará la gracia, la sabiduría y la fortaleza que necesite cuando llegue el momento. Hasta entonces, ¡tenga fe!

El viaje del temor a la fe

Nuestro instinto natural es tener temor e intentar protegernos y cuidarnos a nosotros mismos, pero Dios nos invita a una vida de fe. El temor es atormentador. Tristemente, algunas personas han vivido en temor por tanto tiempo que no se dan cuenta de que es anormal. Podemos desarrollar sistemas de conducta que nos permitan funcionar en nuestra disfunción.

Yo tenía muchos temores en mi vida debido a haber sido criada en un hogar abusivo y disfuncional. Había aprendido a funcionar con ellos, pero a medida que estudié la Palabra de Dios, también aprendí que no tenía que vivir con ellos. Aprendí que había un camino mejor: el camino de la fe. Sin embargo, llegar desde el temor hasta la fe fue y sigue siendo un viaje. Yo tenía temor a ser rechazada, a desagradar a la gente y a no ser verdaderamente querida por mí misma. Tenía temor a lo que las personas pensaran de mí. Mi reputación significaba mucho para mí. Tenía temor al fracaso, a estar equivocada en las decisiones que tomaba, y a ser juzgada o criticada por mis decisiones y mis acciones. También tenía temor a mis errores del pasado, al futuro desconocido, a no tener suficiente dinero para ocuparme de mí misma, y a necesitar depender de otra persona.

Puedo decir sinceramente que ninguno de esos temores prevalece en mi vida ahora. Puede que levanten sus feas cabezas de vez en cuando, pero ya no soy controlada por ellos. He desarrollado el hábito de la fe, y también usted puede hacerlo.

Aprender sobre el amor incondicional de Dios y recibirlo es lo que nos hace libres del temor. ¡Ninguna otra cosa lo hará! El perfecto amor echa fuera el temor (1Juan 4:18). Solamente Dios tiene perfecto amor, y puede ser nuestro por la fe. Acepte la palabra de Dios y comience a recibir su amor por usted, y permítale que le haga libre de todo temor. La fe obra por el amor (Gálatas 5:6). ¿Cómo podemos poner nuestra confianza en Dios si no estamos convencidos de que Él nos ama en todo momento? Conocer y creer en el amor de Dios es uno de los ingredientes clave para ser capaces de vivir una vida de fe.

La fe sube por la escalera que el amor ha construido
y mira por la ventana que la esperanza ha abierto.
Charles H. Spurgeon

La Biblia dice frecuentemente: "No temas, porque yo estoy contigo". Dios está con usted y ha prometido no abandonarle ni dejarle nunca. Usted no crece en la fe deseando sentirse de cierta manera o no sentirse de cierta manera, sino que crece al dar pasos y confiar en las promesas de Dios. Cada vez que lo hace, obtiene experiencia que le ayudará a confiar la próxima vez. No se desaliente con usted mismo si es necesario un poco de tiempo para desarrollar el hábito de la fe. No creo que nadie opere con una fe perfecta, pero afortunadamente podemos seguir creciendo. ¿No está contento de no tener que sentirse presionado a manifestar su perfección en nada? Jesucristo, el Perfecto, ha allanado el camino para nosotros, y podemos seguir paso a paso.

Recuerde esto: Dios se agrada de usted mientras usted siga adelante, y no está defraudado porque usted no sea perfecto. Nuestra falta de fidelidad no cambia la fidelidad de Dios (2 Timoteo 2:13).

Aceptación con gozo

El hábito de la fe nos permite aceptar cualquiera que sea nuestra circunstancia con gozo porque confiamos en que Dios obra todas las cosas para nuestro bien (Romanos 8:28). Podemos confiar en Dios a pesar de cómo se vean o parezcan las cosas. Mrs. Charles E. Cowman, que escribió *Manantiales en el Desierto*, dijo: "Debemos creer lo que Dios dice. La experiencia revela que una fe tal no hará que el sol brille antes, sino que hará que la noche parezca más corta".

Confianza es simplemente pedir a Dios lo que usted quiere, necesita o desea y darle el respeto y el honor que Él merece al permitirle hacer que ocurra cuando y como Él crea oportuno. Dios no necesariamente quiere oírnos preguntar por qué y cuándo, pero sí le encanta oírnos decir: "Confío en ti".

Dios quiere que confiemos en Él *en* las cosas, y no meramente *para* algo. Nuestros caminos no son sus caminos, pero sus caminos son perfectos. Su momento no es el nuestro, pero Él nunca llega tarde. El hábito de la fe nos ayudará a mantener el hábito felicidad.

> *Crean que ya han recibido todo lo que estén pidiendo en oración, y lo obtendrán.*
>
> Marcos 11:24

Esta escritura es emocionante, pero debemos entender que no nos dice *cuándo* obtendremos lo que hemos pedido.

Heredamos las promesas de Dios mediante fe y paciencia (Hebreos 6:12). Nuestra impaciencia no hará que Dios se apresure, y bien podríamos decidir igualmente esperar con gozo. La aceptación con gozo es prueba de la fe. Nuestra actitud dice alto y claro: "Creo que Dios es perfecto en todos sus caminos, y sé que estoy en sus manos".

Abandonarse a Dios

Abandone completamente intentar controlar su vida y sus circunstancias y confíe en Dios en todo. Abandono es olvidar enteramente el pasado, dejando el futuro completamente en manos de Él, y estando totalmente en paz con el presente, sabiendo que el momento en que está contiene la voluntad perfecta de Dios para usted para ese momento. Watchman Nee, un poderoso cristiano chino que fue martirizado por su fe, incluyendo que le cortasen la lengua por predicar, murió con esta nota debajo de su almohada.

> *Cristo es el Hijo de Dios. Él murió para expiar los pecados de los hombres, y después de tres días resucitó. Este es el hecho más importante del universo. Muero creyendo en Cristo.*
>
> *Watchman Nee*

Él tenía el hábito de la fe. Nada pudo detenerle, ni siquiera el sufrimiento y la muerte. Si podemos aprender a vivir con ese tipo de fe, toda la vida se convierte en un tremendo gozo, y estamos en un descanso perfecto a medida que esperamos en Dios.

CAPÍTULO
10

Conducta 7: El hábito de la excelencia

Para que disciernan lo que es mejor, y sean
puros e irreprochables para el día de Cristo.
Filipenses 1:10

Es muy fácil ser una persona mediocre. Lo único que tiene que hacer es no hacer ningún esfuerzo extra de ningún tipo y dejarse llevar por la vida sin marcar ninguna diferencia en el mundo, lo cual garantizará que no deje ningún legado a sus espaldas cuando se haya ido. Probablemente ni siquiera será observado o destacará, porque hay millones de otras personas que también son mediocres. Pero si se atreve a formar el hábito de ser excelente en todo lo que hace, será una brillante luz en la oscuridad, y eso es exactamente lo que Dios le ha llamado a ser.

Dios es excelente y nosotros somos creados a su imagen; por tanto, si queremos alcanzar nuestro máximo potencial en Él también debemos decidir ser excelentes. Dios tiene un excelente plan en mente para nuestras vidas, pero una persona mediocre, perezosa y que hace concesiones no vivirá en el cumplimiento de un destino excelente. Todos tenemos una decisión que tomar sobre el modo en que viviremos, y creo que Dios quiere utilizar este libro para instarle a tomar su decisión si es que aún no lo ha hecho. Si usted ya ha tomado su decisión de ser excelente, entonces utilice esto como una oportunidad de volver a hacer un compromiso, y siga adelante.

La excelencia se ve al hacer lo máximo que pueda en cada situación, pero no es necesariamente perfección. Excelencia es una calidad extremadamente elevada y una virtud a seguir. Edwin Bliss dijo: "La búsqueda de la excelencia es gratificante y saludable. La búsqueda de la perfección es frustrante, neurótica y una terrible pérdida de tiempo". Es importante que usted vea la diferencia entre esforzarse por la excelencia y esforzarse por la perfección. Si no la ve, se sentirá frustrado y se sentirá un fracaso en cada paso del camino.

¿Sabía que la mayoría de personas que tienen el hábito de la postergación son perfeccionistas? Debido a que se sienten impulsados a realizar una tarea perfecta y temen que no serán capaces de lograrlo, postergan la tarea. Tendemos a pensar que las personas que postergan las cosas son perezosas, y quizá algunas lo sean; pero la mayoría no son perezosas, sino que tienen temor a quedar por debajo de las expectativas de los demás.

En realidad es maravilloso entender que como seres humanos con fallos y debilidades, rara vez hacemos las cosas perfectamente o nunca cometemos errores. Ese fue el motivo por el cual Dios envió a su Hijo como un sustituto perfecto para nosotros. Deberíamos tener una actitud y un deseo excelentes en cada situación para hacer lo mejor que podamos hacer, y entonces confiar en que Dios haga lo que nosotros no podemos hacer. Yo siempre digo: "¡Haga usted lo mejor y confíe en que Dios hará el resto!". Si usted hace lo que puede hacer, entonces Dios hará lo que usted no puede hacer.

Jesús nos dijo que seamos perfectos como nuestro Padre celestial es perfecto (Mateo 5:48). Cuando yo leí ese versículo de la Escritura, me sentí presionada porque sabía que no podía ser perfecta; pero descubrí al leer otra traducción de la Biblia que la palabra *perfecto* en el original griego significa *crecer* hasta la completa madurez de carácter. Dios siempre quiere que estemos creciendo y haciendo progreso, pero Él nunca está enojado con nosotros porque aún no hayamos llegado. Incluso el apóstol Pablo dijo que aunque él proseguía hacia la meta de la perfección, aún no había llegado.

Si hacemos concesiones, significa que hacemos un poco menos de lo que sabemos que es correcto y adecuado, y ser excelente significa hacer un poco más de lo que tendría que hacer para salir del paso. Significa recorrer la milla extra. Hubo una época en la sociedad en que la excelencia era bastante normal, pero ese no es el caso actualmente. Nuestra pasión por tener más, lo cual es avaricia, nos ha impulsado a preferir la cantidad en lugar de la calidad, y eso es triste. Stephen R. Covey dijo: "Hacer más cosas con mayor rapidez no es sustituto alguno de hacer las cosas correctas".

Cuando estaban construyendo nuestra casa, descubrimos lo difícil que es encontrar empresas que tengan un compromiso con la excelencia. Cuando una cita no se mantenía, la excusa era siempre: "Estamos tan ocupados que vamos con retraso, y no pudimos llegar a su casa". En otras palabras, ellos habían aceptado más de lo que podían hacer adecuadamente, y en el proceso hacían muy poco con excelencia, incluyendo cumplir su palabra.

Hacer el compromiso de ser habitualmente excelente y cumplir con sus compromisos será muy satisfactorio. No hay nada acerca de la mediocridad que nos haga sentir bien por dentro con nosotros mismos o con nuestras decisiones.

Ayúdese a usted mismo

Si quiere formar el hábito de ser excelente, desarrolle cierto tipo de sistema para ayudarle a recordar dejar atrás el punto de la comodidad. Es fácil pasar la aspiradora en medio de la habitación, pero para realizar un excelente trabajo puede que tenga que llegar debajo de los muebles y mover algunas cosas. Perseguir la excelencia no será fácil al principio, pero finalmente se convertirá en un hábito, y usted no se sentirá cómodo a menos que haga todo lo que hace de la mejor manera posible.

Yo soy una gran fan de las señales y las notas para ayudarnos a recordar mientras estamos formando nuevos hábitos. Escriba señales que sencillamente digan EXCELENCIA y póngalas estratégicamente donde las verá varias veces al día. También creo firmemente en el poder de la confesión verbal para ayudarnos a formar una nueva imagen de nosotros mismos, así que intente decir en voz alta, al menos diez veces por día: "Hago lo que hago con excelencia". Haga eso durante un tiempo y después amplíe su confesión a: "Soy una persona excelente, hago mi trabajo con excelencia, cuido de modo excelente de mí mismo y de todo lo que poseo, trato a las personas con excelencia, pienso pensamientos excelentes y declaro palabras excelentes". Las confesiones que usted haga, quizá totalmente en fe al principio de su viaje, le ayudarán no sólo a recordar hacer las cosas con excelencia, sino que también cambiarán el modo en que se ve a usted mismo. Cuando se vea usted mismo como excelente, no será ninguna lucha hacer lo que usted hace con excelencia.

Recuerde que los hábitos se desarrollan mediante la repetición. A medida que escoja repetidamente el camino más excelente en cada situación, no sólo formará el hábito de la excelencia, sino que también romperá el hábito de la mediocridad.

Haga lo mejor para Dios

Excelencia es hacer una cosa común de una manera poco común.

Brooker T. Washington

Henry Kissinger, en su libro *The White House Years* (Los años en la Casa Blanca), habla de un profesor de Harvard que les había encargado una tarea y estaba recogiendo los trabajos. Él se los entregó a los alumnos al día siguiente y en la parte de abajo de uno de ellos estaba escrito: "¿Es esto lo mejor que puede hacer?". El alumno pensó que no, y volvió a realizar el trabajo. Le fue devuelto de nuevo, y con el mismo comentario. Aquello sucedió diez veces, hasta que finalmente el alumno dijo: "Sí, esto es lo mejor que puedo hacer". El profesor respondió: "Muy bien, ahora lo leeré". Sabemos en nuestro corazón si verdaderamente estamos haciendo lo mejor que podemos. Si no lo estamos haciendo, entonces deberíamos esforzarnos por hacerlo.

Parecería obvio que no hay ningún otro modo en que

podamos amar a Dios con todo nuestro corazón, alma, mente y fuerzas (Marcos 12:30) sin buscar hacer lo mejor que podamos para glorificar a Dios. La búsqueda de la excelencia es una marca de madurez si la buscamos con el motivo correcto. Nuestro motivo debería ser obedecer y glorificar a Dios y representarle bien en la tierra. Pero una persona puede buscar ser excelente sólo por su propia obsesión de importancia, para ser notado y elogiado por otros, o para obtener ascensos en el mundo. Hagamos todo lo que podamos para glorificar a Dios, y Él nos recompensará dándonos las otras cosas que deseamos.

Cuando yo comencé mi propia búsqueda de la excelencia se debía a que Dios me había desafiado a hacerlo. Al principio de mi ministerio, Dios habló tres cosas a mi corazón y puso en mí que si yo hacía esas cosas para Él, tendría éxito. La primera fue mantener la pelea fuera de mi vida, la segunda fue hacer todo lo que pudiera con excelencia, y la tercera fue ser una persona de integridad, ser sincera en todo lo que hacía. En ese momento, el alcance de mi ministerio era enseñar un estudio bíblico en mi casa, pero yo me tomé en serio la responsabilidad y estudiaba mucho cada semana para mi lección. También era esposa y madre de tres hijos en aquella época. No podía dejarlo todo e irme a una escuela bíblica o un seminario, así que Dios me enseñó en mi vida cotidiana.

Él me enseñó a tener siempre todo en orden y no dejar nunca desorden debido a la pereza. Él me enseñó a volver a poner las cosas donde las había agarrado. Dios puso en mi corazón que siempre pusiera el carrito de la compra en su lugar en el supermercado después de haber metido toda la compra en mi auto. Cuando estaba comprando ropa y tiraba alguna prenda de la percha donde estaba,

Él me enseñó que para ser excelente, tenía que recogerla del piso y volver a ponerla en la percha, y no dejar que otra persona lo hiciera. Había cientos de cosas aparentemente pequeñas como esas en las cuales Dios trató conmigo durante aquellos años.

Fue difícil al principio, y una de las mayores excusas que yo utilizaba era que otras personas no lo hacían, así que por qué debía hacerlo yo. Dios me recordó que yo le había pedido que hiciera grandes cosas en mi vida, y después me preguntó si realmente quería que Él las hiciera o no. En esencia, me estaba diciendo: "Cosechamos lo que sembramos". Nunca se quede satisfecho con ser como todos los demás, sino en cambio escoja ser lo mejor que pueda usted ser.

En algunas de esas cosas yo batallé con mis emociones tanto como hasta dos años antes de llegar a ser totalmente obediente a Dios y desarrollar el hábito de ser excelente. Aprendí que si sembramos excelencia, cosecharemos la recompensa más excelente. ¿Qué quiere usted de la vida? ¿Está dispuesto a sembrar el tipo de semilla correcta para obtenerlo? Hágase a usted mismo algunas preguntas difíciles y dé respuestas sinceras.

¿Hace lo que hace con excelencia?

¿Cuán frecuentemente hace concesiones y toma la salida más fácil?

¿Se deja llevar en la vida, o prosigue hacia lo mejor?

¿Cumple con sus compromisos?

¿Dice siempre la verdad?

¿Deja desorden para que otras personas lo limpien?

Si accidentalmente se lleva un objeto en la tienda que no pagó, ¿lo devuelve?

¿Vuelve a poner el carrito de la compra en el espacio

diseñado después de haber metido los productos en su auto?

Si puso algún producto en su carrito de la compra y después decide que en realidad no lo necesita, ¿vuelve a ponerlo donde lo agarró o simplemente lo deja en cualquier lugar para librarse de él?

Podría seguir añadiendo más cosas a la lista, pero creo que ya entiende lo que quiero decir. Nunca podremos llegar donde queremos estar a menos que admitamos sinceramente dónde estamos en este momento. Afrontar la verdad es lo que nos hace libres.

Las recompensas de la excelencia

Cada buena decisión produce una recompensa y, desgraciadamente, también lo hace cada mala decisión. Las recompensas de la excelencia son maravillosas. Recuerdo a una mujer que me dijo que había escuchado mi enseñanza sobre la excelencia y la integridad y que había cambiado por completo su modo de enfocar la vida. Me dijo que no había recibido ninguna enseñanza sobre esta área anteriormente, y no tenía idea de lo mediocre que ella era. Me dio las gracias y me dijo: "Al principio fue desafiante, pero llegar a ser excelente ha cambiado toda mi vida".

Cuando somos excelentes, nos sentimos mejor con nosotros mismos. Tenemos confianza en que estamos haciendo lo que Dios quiere que hagamos. Nos convertimos en un buen ejemplo para otras personas. Es especialmente importante que los padres sean ejemplo de ello delante de sus hijos. Es importante para quienes están en el liderazgo de cualquier tipo establecer este ejemplo para todos los que están bajo su autoridad.

Una mujer envió este testimonio con respecto al modo en que su decisión de ser excelente le afectó.

> *Querida Joyce,*
>
> *Solo un testimonio sobre cómo Dios me dio la "oportunidad" de aplicar sus enseñanzas esta mañana en la televisión, a una situación en mi vida esta tarde. Fue sobre cuando hablaba sobre el modo en que Dios trató con usted en cuanto a ser excelente y siempre limpiar el desorden.*
>
> *Estaba yo sacando mis latas y vidrio a los contenedores comunitarios, y cuando fui a abrir la tapa, la bolsa de papel que llevaba en mi mano se rompió y una jarra de cristal se cayó al piso de cemento y se hizo pedazos. Fui realmente tentada a recoger los pedazos grandes y dejar los pequeños trocitos tan peligrosos. Todo tipo de excusas inmediatamente pasaron por mi mente. "No debería dejar solo al bebé. Estoy muy cansada. Tengo una escoba, pero no sé dónde está el recogedor. Hace calor fuera". Sin embargo, su enseñanza estaba muy fresca en mi mente; por tanto, les dije a mis pies que llevasen a mi carne otra vez hasta mi apartamento para agarrar la escoba y el recogedor y recoger los cristales.*
>
> *Lo hermoso sobre haber recogido fue la libertad de poder olvidar todo el episodio cuando escogí el camino más excelente.*

Su excelencia fue recompensada con paz en su corazón. Creo que la paz es una de las mayores recompensas que recibimos cuando hacemos el esfuerzo por hacer las cosas del modo en que sabemos que deberían hacerse y no hacer concesiones y hacer un poco menos de lo que sabemos que es correcto. Es maravilloso no sentirnos condenados por las cosas que nos permitimos a nosotros mismos hacer. A veces, los sentimientos de culpabilidad o falta de paz son vagos, pero de todos modos están presentes e interrumpen nuestra libertad.

El nombre Stradivarius es sinónimo de buenos violines. Eso se debe a que Antonio Stradivari insistió en que ningún instrumento construido en su taller fuese vendido hasta que estuviera tan cerca de la perfección (excelencia) como la destreza y el cuidado humanos pudieran lograr. Stradivari observó: "Dios necesita violines para enviar su música al mundo, y si cualquier violín tiene un defecto, la música de Dios quedará estropeada". Su filosofía de trabajo se resumía en una sola frase: "Otros hombres harán otros violines, pero ningún hombre hará un violín mejor".

Stradivari tenía un compromiso con la excelencia porque quería hacer lo mejor que pudiera para Dios. Su recompensa es que sus violines siguen siendo conocidos actualmente en todo el mundo como los mejores.

Excelencia en nuestros pensamientos

Nunca podremos llegar a ser excelentes en nuestras acciones si antes no hacemos un compromiso de ser excelentes en nuestros pensamientos. La Biblia nos enseña que pensemos en cosas que estén llenas de virtud y excelencia (Filipenses 4:8). Cosas como creer lo mejor en todo momento, cosas que sean honorables, justas, puras, amables y llenas de bondad. Yo hablo sobre nuestros pensamientos en todos mis libros y en la mayoría de mis mensajes debido a su importancia. Nos convertimos en lo que permitimos que sean nuestros pensamientos (Proverbios 23:7).

¿Qué tipo de pensamientos entretiene usted? Cuando reconoce que sus pensamientos no son buenos, ¿se ocupa de sacarlos de su mente, o perezosamente permite que se queden? Es imposible llegar a ser una persona excelente sin antes desarrollar una mente excelente.

No cometa el error de creer que sus pensamientos no importan porque de todos modos nadie los conoce. Sí importan, y Dios los conoce. Los pensamientos equivocados pueden envenenar nuestras vidas y actitudes. Ya que son el precursor de todas nuestras palabras y acciones, debemos tratarlos primero. Puede usted pensar lo que quiera pensar. Usted tiene el control, y aunque Satanás intentará poner pensamientos equivocados y mortales en su mente, puede usted expulsarlos y escoger otros correctos. Su mente y sus pensamientos le pertenecen a usted, y no debería permitir al diablo utilizar su mente como un cubo de basura, o terminará con una apestosa confusión en su vida.

Excelencia en la conversación

El salmista David dice en Proverbios 8:6: "Oíd, porque hablaré cosas excelentes, y abriré mis labios para cosas rectas" (RVR1960). Él estaba tomando una decisión sobre el modo en que hablaría, y nosotros deberíamos hacer lo mismo. Al igual que podemos dirigir nuestros pensamientos, también podemos dirigir nuestras palabras con la ayuda de Dios. El poder de la vida y la muerte está en la lengua, y comemos el fruto de ella (Proverbios 18:21). Nuestras palabras nos afectan a nosotros y a las personas que nos rodean, y también afectan a lo que Dios puede hacer por nosotros. No podemos tener una boca negativa y una vida positiva.

El apóstol Pedro nos enseña que si queremos disfrutar la vida y ver buenos días incluso en medio de las pruebas, debemos refrenar nuestra lengua del mal (1 Pedro 3:10). Para mí, esta escritura dice algo muy importante a lo que debemos prestar atención. ¿Qué tipo de vida quiere usted? ¿Quiere tener una vida excelente? Si es así, entonces debe desarrollar el hábito de ser excelente en las palabras que escoge.

No podemos meramente decir cualquier cosa que tengamos ganas de decir, sino que debemos escoger con cuidado nuestras palabras porque son contenedores de poder. Pueden llevar poder creativo o destructivo, y la decisión nos corresponde a nosotros. La lengua es un órgano muy pequeño, pero puede causar grandes problemas o producir grandes bendiciones. ¡Cambie sus palabras y su vida cambiará!

En cuanto a mí respecta, es un privilegio entender el poder de las palabras. Yo pasé los primeros treinta y cinco años de mi vida sin tener ni idea de que lo que yo decía marcaba una diferencia en la calidad de mi vida. Sus palabras y las mías nos afectan de maneras mayores de lo que podamos posiblemente imaginar, y somos desafiados en la Escritura a permitir que sean excelentes.

Forme el hábito de no decir nada si no puede decir algo que valga la pena decir.

Trate a las personas con excelencia

Finalmente, permítame decir que es importante que aprendamos a tratar a todas las personas de modo excelente. Dios ama a todas las personas, y no lo toma con bondad cuando nosotros tratamos mal a alguien. Sea educado, respetuoso y apreciativo. ¡Sea alentador! Todo el mundo quiere sentirse valorado, y muchos batallan con sentimientos de baja autoestima. Nosotros estamos en posición de ser utilizados por Dios para ayudarles al tratar a todas las personas con excelencia.

El apóstol Pablo enseña que debemos seguir el amor y que ese es el modo de vivir más excelente.

> *Ustedes, por su parte, ambicionen los mejores dones. Ahora les voy a mostrar un camino más excelente [el amor].*
>
> *1 Corintios 12:31 [comentario añadido]*

11

Conducta 8: El hábito de ser responsable

*El noventa y nueve por ciento de todos
los fracasos provienen de personas que
tienen el hábito de poner excusas.*
George Washington Carver

Poner excusas cada vez que nos enfrentamos a asumir la responsabilidad de algún acto o por no haber hecho algo es un hábito muy malo. Fácilmente puede hacer descarrilar nuestra vida, y probablemente evite el éxito. Si nos hacemos responsables de nuestra vida, eso con frecuencia puede ser una experiencia chocante, porque de repente no tenemos a nadie a quien culpar. Jesús dijo que muchos son los llamados y pocos los escogidos (Mateo 20:16). Yo creo que eso puede significar que aunque muchos son llamados a hacer grandes cosas para Dios, pocos están dispuestos a asumir la responsabilidad de su llamado. Ser responsables es lo que nos hace ser personas honorables. Es el precio de la grandeza, según Sir Winston Churchill.

Las excusas no son nada nuevo. Han sido utilizadas por

los seres humanos para evitar la responsabilidad desde que el tiempo comenzó. Después de que Adán y Eva pecasen en el huerto de Edén, ambos pusieron excusas cuando Dios los confrontó. Ambos culparon al otro. Adán culpó a Eva y a Dios por haberle dado a Eva, y Eva culpó al diablo. Las personas ponen excusas por sus pecados todo el tiempo en lugar de simplemente admitirlos, confesarlos y pedir a Dios que les perdone. Aceptar plena responsabilidad por nuestros actos es posiblemente una de las cosas emocionalmente más dolorosas que afrontamos en la vida. Queremos desesperadamente pensar que somos buenos, y sentimos que admitir plenamente que hemos cometido un error y que no hemos hecho lo que deberíamos haber hecho estropea nuestra bondad. Todos tenemos cosas que afrontar sobre nosotros mismos, y valiente es el hombre o la mujer que están dispuestos a hacerlo. Nunca deberíamos tener temor a admitir que estamos equivocados en algo o que hemos cometido un error. La verdad es lo que nos hace libres (Juan 8:32). Evitar, evadir y poner excusas nos mantiene atados.

Debido a que la verdad nos hace libres, nuestro enemigo el diablo llenará nuestras cabezas de excusas y modos de culpar a otras personas y cosas de nuestros errores. Él sabe que permaneceremos atrapados en nuestros problemas si nos negamos a asumir la responsabilidad de nuestros actos.

Tomemos el ejemplo de llegar tarde. Cuando las personas llegan tarde a una cita o al trabajo, rara vez dicen simplemente: "Siento haber llegado tarde. No administré bien mi tiempo y no salí de mi casa cuando debería haber salido". En cambio, decimos cosas como: "Llego tarde porque había mucho tráfico. No sabía que tenía que poner gasolina. Mis hijos estaban imposibles y mi esposo puso en otro lugar las llaves del auto". Eso bien puede ser cierto ocasionalmente, pero cuando sucede todas las veces, existe un problema definido que hay que abordar. Incluso si alguna de esas cosas sucedió, seguía siendo responsabilidad nuestra salir lo bastante temprano para tener en cuenta el tráfico, para asegurarnos de tener gasolina en el auto o tiempo para ponerla, y de administrar bien nuestra casa para evitar los otros problemas.

¿Sabía que cuando llega usted tarde está enviando el mensaje de que su tiempo es más valioso que el de la persona que le está esperando? Al menos, llame a la persona y dígale que va a llegar tarde y cuándo espera llegar. ¡Eso es ser responsable!

Poner una excusa por llegar tarde es poco comparado con todas las excusas que las personas ponen para una lista interminable de cosas. Pero las excusas nunca son agradables a Dios porque Él ama la verdad y quiere que nosotros también la amemos. Poner excusas puede encajar fácilmente en la categoría de mentiras, y eso nos hace quebrantar el mandamiento: "No mentirás".

Cuando ponemos excusas, en realidad nos mentimos a nosotros mismos y también a los demás. Nos mantenemos a nosotros mismos engañados por medio del razonamiento. Fácilmente podemos encontrar una razón para cada error, pero es mejor simplemente asumir la responsabilidad de nuestros actos.

Hay, desde luego, razones por las cuales suceden cosas, y compartir esas razones no es siempre un problema a menos que las estemos utilizando como excusa para no cambiar. Me encanta cuando oigo a alguien decir: "Me hago plenamente responsable de ese error". Inmediatamente hace que yo respete a esa persona y confíe en ella.

Personas en la Biblia que pusieron excusas

Jesús relata una parábola de un hombre que dio una gran cena e invitó a muchos a asistir, pero todos ellos comenzaron a poner excusas. Uno dijo que había comprado un terreno y tenía que ir a verlo. Otro dijo que había comprado algunos animales de granja y tenía que ir a examinarlos, y otro dijo que se había casado y debido a eso no podía asistir. Todas esas excusas eran precisamente eso: excusas. La verdad era que no querían asistir. Esta parábola es representativa de Dios que invita a personas a tener una relación con Él y todas las excusas que ellos ponen cuando lo cierto es que no quieren. Quieren dirigir ellos mismos sus propias vidas, aunque lo estén haciendo mal, y no quieren que Dios interfiera.

Incluso entre quienes son creyentes en Jesús oímos muchas excusas para no servirle a Él totalmente. Las personas no tienen suficiente tiempo; están ocupadas trabajando o llevando a sus hijos de un lado a otro a eventos deportivos. Lo que hacemos con nuestro tiempo es cuestión de elección, y la verdad es que hacemos lo que realmente queremos hacer. Si queremos hacer fuertemente una cosa, entonces encontramos tiempo para eso. Hay una verdad que ninguno de nosotros será capaz de evitar. Llegará el día en que toda persona estará delante de Dios y dará cuentas de su vida (Romanos 14:12). Ese día no habrá ninguna excusa.

Moisés puso excusas cuando Dios le llamó al servicio. Dijo que no era lo bastante elocuente y que no sabía hablar. Dios finalmente se enojó con todas sus excusas. El rey Saúl puso excusas con respecto a por qué no obedeció totalmente a Dios al destruir por completo a los amalecitas. Félix puso excusas cuando Pablo le habló sobre la justicia y el dominio propio. Dijo: "Vete y regresa en un momento más conveniente". El camino al infierno está lleno de las buenas intenciones de aquellos que pusieron excusas para no hacer lo correcto ahora, sino que dijeron que tenían intención de hacerlo más adelante.

Pedro puede que tuviera muchas excusas en su mente para negar a Cristo. Dudo que él simplemente se dijera: "Soy un cobarde". Todos ponemos excusas, pero es momento de tratarlas y formar el hábito de ser responsables.

Integridad

La integridad es vitalmente importante. Es parte de ser una persona excelente. Las personas de integridad se hacen responsables de sus actos; cumplen sus compromisos en lugar de poner excusas para no cumplirlos; cumplen sus promesas. Hacen todo lo que les dicen a los demás que van a hacer, y si por alguna razón no pueden hacerlo, entonces contactan a la persona, le dan una explicación, no una excusa, y piden ser liberados de ese compromiso.

Nosotros esperamos que Dios cumpla sus promesas, y Él espera que nosotros cumplamos las nuestras. Algunas personas en la actualidad ni siquiera saben lo que significa la palabra *integridad*. Debería enseñarse en las escuelas y universidades, y si así fuera, tendríamos más personas en el mundo con buen carácter. Como mencioné anteriormente, Dios me dijo que si yo quería ser un éxito en el ministerio, entonces debo ser una persona de integridad.

Para nosotros en Joyce Meyer Ministries, esta ha sido una prioridad principal. Sé que ha habido veces en que no hemos sido capaces de hacer lo que dijimos que haríamos, pero nunca fue intencionado. He aprendido con los años a ser más cuidadosa con los compromisos que hago. Cuando los hacemos de manera apresurada o emocional, con frecuencia terminamos deseando no haberlos hecho, y a veces descubrimos que no podemos cumplirlos. Tenga mucho cuidado cuando da su palabra de que hará algo. Es mejor no comprometerse en absoluto que comprometerse y después poner una excusa para no hacerlo. Ni siquiera le diga a alguien que le llamará por teléfono a menos que tenga intención de hacerlo.

Características de una persona responsable

Cuando una persona está comprometida a ser responsable, se puede contar con que es confiable. Esa persona termina lo que comienza y hace lo que dice que hará; rara vez abandona algo, porque es firme y dedicada.

Las personas responsables pagan sus facturas a tiempo; piensan con antelación y no gastan más dinero del que ganan. Si atraviesan momentos difíciles, no ignoran sus responsabilidades, sino que son veraces con aquellos con quienes tienen un compromiso y organizan las cosas de modo que puedan enderezarlas en cuanto puedan.

Las personas responsables no tienen que preocuparse por el futuro, porque han hecho planes de antemano. Se han preparado para el futuro ahorrando una parte de lo que ganan para emergencias o para la jubilación. En el capítulo 31 de Proverbios conocemos a una mujer que es el ejemplo perfecto de cómo se ve una persona responsable.

Ella se levanta antes del amanecer para planificar el día. Trabaja duro, y aunque quiere extenderse, considera seriamente si extenderse sería prudente. Pasa tiempo con Dios, y por eso es fuerte para cualquier cosa que la vida pueda traer. Ayuda al pobre y al necesitado. No tiene miedo al mal tiempo porque ya ha hecho ropa adecuada para su familia.

Las personas responsables se ocupan bien de lo que poseen. Son buenos administradores de aquello con lo que Dios les ha bendecido. Se ocupan de sí mismas porque saben que su vida y su salud son regalos de Dios que necesitan proteger. Cuidan de sus obligaciones familiares, incluyendo satisfacer las necesidades de padres o abuelos ancianos. Cuando tienen una tarea que hay que hacer, la hacen. Y la hacen sin tener que ser empujados o que se lo recuerden múltiples veces. Se motivan a sí mismos, y eso significa que no necesitan influencia exterior que les haga hacer lo que deberían hacer.

Yo creo que ayudar a los pobres y a quienes son menos afortunados que nosotros no es solamente una cosa bonita de hacer, sino que es nuestra responsabilidad. La Biblia nos enseña que no nos olvidemos de ellos.

> *Es un pecado despreciar al prójimo; ¡dichoso el que se compadece de los pobres!*
>
> *Proverbios 14:21*

Ayudar a las personas que sufren no es algo que podamos hacer o no hacer dependiendo de cómo nos sintamos en ese momento; es algo que Dios nos ha mandado hacer. Es nuestra responsabilidad. Cualquiera que tenga algo es responsable de ayudar a alguien que tenga menos de lo que esa persona tiene.

Yo he sido bendecida con una naturaleza responsable, y he visto el beneficio y las recompensas de ello en mi vida. Mi hermano, que ya ha fallecido, no era responsable, y puedo decir sinceramente que toda su vida fue un gran desorden tras otro. Yo le quería, pero él era perezoso, mediocre e irresponsable. Tuvo todas las oportunidades delante de él que cualquiera pudiera haber tenido, pero quería que otros hicieran por él lo que él mismo debería haber estado haciendo. Todo aquel que es exitoso también es responsable. El éxito y la responsabilidad personal no pueden separarse.

No importa cuántas oportunidades tengamos en la vida si no somos responsables para hacer lo que tenemos que hacer y aprovecharlas. Le pido firmemente que examine su vida con sinceridad. ¿Es usted un individuo responsable? ¿Hay áreas en las cuales podría mejorar? ¿Pone usted excusas cuando hace algo mal? ¿Está a la defensiva cuando es corregido? Como dije, afrontar la verdad es con frecuencia emocionalmente doloroso, pero es una de las cosas más poderosas y liberadoras que podemos hacer. Si usted no tiene ya el hábito de ser responsable, ¿está dispuesto a comenzar ahora mismo a desarrollarlo?

Las personas responsables no tienen que tener ganas de hacer lo correcto a fin de hacerlo. Dejan de preguntarse a sí mismas cómo se sienten, porque saben que habrá momentos en que no tendrán ganas de hacer lo que deberían hacer, y ya han decidido no permitir que su modo de sentir les haga tomar sus decisiones. Cuando una madre tiene hijos pequeños, debe ocuparse de ellos independientemente de cómo se sienta. Ella ni siquiera considera no ocuparse de ellos porque sabe que debe hacerlo. Deberíamos considerar así más de nuestras responsabilidades. Dejemos de ver nuestras responsabilidades como opciones y en cambio veámoslas como cosas que debemos hacer.

Cinco pasos para dejar de poner excusas

Afrontar la verdad

El primer paso para tratar cualquier mal hábito es admitir que tiene usted un problema. No posponga el confrontarlo, esperando que se irá por sí solo. Todos los demás saben que usted tan sólo está poniendo excusas, y es momento de que usted también lo sepa. **Declare su problema en voz alta**. Dígaselo a Dios, dígaselo a usted mismo, y puede que incluso sea útil decírselo a un amigo de confianza. El apóstol Santiago dijo que debemos confesar nuestras faltas los unos a los otros para que podamos ser examinados y restaurados (Santiago 5:16).

No tener expectativas irrealistas

Antes de hacer ningún compromiso, incluso uno pequeño, pregúntese si verdaderamente cree que puede hacerlo y que lo hará. Algunas personas establecen metas irrealistas y siempre fracasan. Un poco de pensamiento previo podría haberles ahorrado muchos problemas. Sea realista con respecto a cuánto tiempo es necesario para hacer cosas, y permítase tiempo suficiente para hacerlas sin estar estresado al respecto. Si necesita decir no a una petición, no vacile en hacerlo. Somos responsables de seguir las expectativas que Dios tiene de nosotros, y no las de cualquier otra persona.

Dejar de quejarse

Mientras nos quejemos sobre las cosas que tenemos que hacer, es probable que encontremos excusas para no hacerlas. Quejarse por una tarea en realidad le quita la energía para hacerla. Si quiere usted hacer ejercicio, no se queje todo el tiempo de lo difícil que es. Tan sólo hágalo. Los israelitas se quejaban por muchas cosas, y permanecieron en el desierto durante cuarenta largos años. La queja evita que hagamos progreso.

Ser agresivo

No posponga el ocuparse de sus responsabilidades. Con frecuencia es mejor hacer las cosas que menos le gustan en primer lugar. De ese modo no tiene tiempo para aborrecerlas, y puede hacerlas mientras tiene la mayor energía. Enfóquelas más agresivamente, y no permita que una actitud de letargo se apodere de usted. Si pospone algo por demasiado tiempo, estará cansado debido a otras actividades y se encontrará poniendo una excusa para no ocuparse de su principal responsabilidad.

Encontrar una solución a los obstáculos

En lugar de quejarse y poner excusas para no hacer algo, utilice su energía para encontrar una solución a su obstáculo a fin de poder ocuparse con mayor facilidad de su responsabilidad. Si llega tarde al trabajo frecuentemente y eso le frustra porque hay mucho tráfico, piense en salir de su casa más temprano. Hace años, Dave trabajaba en una empresa que estaba lejos de nuestra casa. Llegaba a trabajar media hora temprano para así poder evitar el tráfico pesado, y utilizaba ese tiempo para estudiar y leer.

Podemos encontrar una solución a la mayoría de problemas si verdaderamente queremos.

Nada de excusas, sólo resultados

En el gimnasio donde yo hago ejercicio venden camisetas que dicen: "Nada de excusas, sólo resultados". En cualquier momento en que yo comienzo a murmurar, mi entrenadora dice: "Nada de excusas, sólo resultados". Ellos saben lo aptas que son las personas para poner excusas de todo tipo para no asistir al gimnasio regularmente. Algunos de los ejercicios son muy duros, y es tentador poner excusas para no hacerlos.

Nuestra carne siente aversión a pensar que no hay ninguna excusa para no cumplir con nuestra responsabilidad, pero si verdaderamente queremos tener éxito en la vida, debemos aprender a creer eso y practicarlo. Si ponemos excusas y culpamos a los demás de nuestros errores, entregamos nuestro poder para cambiar. La verdad es una potente arma, y cuando la afronta de cara, le ayudará a convertirse en la persona que usted dice que quiere ser.

CAPÍTULO
12

Conducta 9: El hábito de la generosidad

Bien le va al que presta con generosidad,
y maneja sus negocios con justicia.
Salmos 112:5

¡Sin condiciones!

Uno de los malos hábitos que deberíamos romper es ser egoístas y egocéntricos, y la mejor manera de hacer eso es formar el hábito de ser generosos. La generosidad hace que el alma de la persona sea verdaderamente hermosa. Dios es generoso, y todos los que desean ser semejantes a Él deben aprender a ser generosos. Una vez escuché que cuando damos, somos más semejantes a Él que en ningún otro momento.

Cuando algo es un hábito, en realidad lo perdemos si no lo hacemos. Deberíamos tener un hábito de generosidad tan fuerte que realmente deseemos la oportunidad de hacer cosas por otros. Podemos y deberíamos formar el hábito de ser generosos. Eso significa que decidimos hacer más de lo que tendríamos que hacer, y siempre hacemos todo lo que posiblemente podemos. Nunca deberíamos ser el tipo de persona que hace solamente lo que no le queda otro remedio que hacer, e incluso entonces lo hace con murmuración y quejas. Dios se deleita en una persona con un corazón dispuesto y generoso. Él ama al dador alegre (2 Corintios 9:7).

No lo disfruto en absoluto cuando alguien hace algo por mí y puedo sentir que resiente haberlo hecho. Realmente lo arruina todo, y preferiría que no lo hubiera hecho. Mi padre no era un hombre generoso. De hecho, ni siquiera le recuerdo haciendo algo por otra persona a menos que él mismo pudiera sacar algún beneficio. Incluso me decía repetidamente que a nadie realmente le importaba nadie, y que todo el mundo quería un beneficio. Estoy segura de que creía eso porque así era él, pero qué triste vivir toda la vida con ese tipo de actitud. Cuando mi padre sí hacía algo por alguien, siempre había algo que él quería a cambio. La verdad es que ese tipo de dar no es en absoluto dar. Cuando las personas dan con este tipo de actitud, en realidad están comprando algo. Con frecuencia oímos que deberíamos dar sin ninguna condición, lo cual significa dar sin esperar nada a cambio. Deberíamos dar generosamente, sin esperar nada de aquel a quien damos, pero sabiendo que Dios bendice y recompensa a la persona generosa.

El que es bondadoso se beneficia a sí mismo; el que es cruel, a sí mismo se perjudica.

Proverbios 11:17

Aún puedo recordar lo mucho que aborrecía cuando mi padre me permitía ir al cine o tomar prestado su auto y a la vez me hacía sentir culpable por hacerlo. Era un sentimiento terrible, y nunca quiero hacer que nadie se sienta de esa manera. No creo que estemos siendo verdaderamente generosos a menos que hagamos lo que hagamos con un corazón dispuesto. El dar puede comenzar como una disciplina, pero debería desarrollarse y convertirse en deseo. Podemos aprender a dar por el mero gozo que encontramos al hacerlo.

Un espíritu de generosidad hace que la persona dé aun cuando parezca irrazonable hacerlo. El apóstol Pablo habla de la generosidad de las iglesias en Macedonia. Aunque estaban experimentando una mala situación de grave tribulación y profunda pobreza, tenían tanto gozo que se tradujo en amplia generosidad. Ellos dieron según su capacidad, e incluso por encima de su capacidad (lo que habría sido cómodo) (2 Corintios 8:2-3). Solamente leer sobre aquellas personas me hace admirarlas y querer ser como ellas. Somos atraídos hacia las personas generosas, e instintivamente no queremos estar por mucho tiempo en la presencia de una persona tacaña.

La generosidad es la respuesta a la avaricia

La avaricia se ha convertido en un gran problema en nuestra sociedad actualmente. Estoy segura de que siempre ha sido un problema, pero la abundancia de cosas que están a nuestra disposición hoy día hace que sea un problema más grande. La avaricia hace que una persona nunca esté satisfecha o agradecida por mucho tiempo a pesar de lo mucho que tenga. El apóstol Pablo nos dice que él había aprendido a estar contento fuera que tuviese mucho o poco (Filipenses 4:12). Esa lección sería una lección valiosa para todas las personas en la actualidad.

La avaricia roba la vida de la persona avariciosa, porque nunca puede estar satisfecha. Las personas avariciosas no pueden disfrutar de lo que sí tienen porque nunca están genuinamente contentas. No hay nada de malo en querer cosas. Dios ha creado o nos ha dado la capacidad de crear muchas cosas hermosas y necesarias, y creo que Él quiere que sus hijos las disfruten, pero quiere que las disfrutemos con una actitud adecuada. Esa actitud debería ser de gratitud, contentamiento y una disposición a ser generosos con los demás.

Debemos luchar contra la avaricia, y la mejor manera que conozco de hacerlo es desarrollar el hábito de la generosidad. La avaricia es un problema tan inmenso que la Palabra de Dios nos enseña que ni siquiera nos relacionemos con cualquiera que sea conocido por ser culpable de avaricia. ¿Por qué diría Él eso? Creo que se debe a que la avaricia es un espíritu maligno, y Dios no quiere que seamos afectados por él. Dios quiere que crezcamos en generosidad, no en avaricia. Podemos fácilmente ser afectados por las personas de quienes nos rodeamos, especialmente si tenemos una cercana relación con ellas. Si quiere usted ser una persona generosa, haga amistad con otras personas generosas. Observe su modo de vivir y aprenda de su ejemplo.

Estoy pensando en algunas personas con las que salgo a comer a menudo y que siempre son muy amigables, alentadoras y amables con todos los trabajadores en el restaurante. Tienen una buena actitud incluso si su comida no es exactamente lo que habían esperado, y dan propinas generosamente. Toda su actitud es de generosidad. Estar con ellas ayuda a hacer que la comida sea muy agradable, y soy desafiada por su conducta a estar siempre creciendo en generosidad. Escoja amigos que le hagan ser una mejor persona. Desde luego, siempre queremos llegar a personas que necesitan que seamos también un ejemplo para ellos, pero no es bueno si ellos son el único tipo de personas de las que nos rodeamos.

Sea generoso a propósito

Las personas que no tienen el hábito de ser generosas puede que tengan que obligarse a ser generosas durante un periodo de tiempo, pero puedo asegurarle que más adelante se volverán adictos a ello. Tome la decisión de ser una bendición para otros, y comience a buscar oportunidades. Cuando oiga que una persona tiene necesidad, no piense: "Alguien tiene que ayudarle", sin preguntar a Dios si es usted ese alguien a quien Él quiere utilizar.

Me encanta dar de diversas maneras, y conozco a muchas otras personas que tienen el mismo sentimiento. No comenzamos siendo así, pero aprendimos a hacerlo al tener relación con Dios y estudiar su Palabra. Yo también fui afectada por estar con personas generosas que se convirtieron en un ejemplo para mí. Inicialmente, tuve que comenzar a ser generosa a propósito, pero finalmente en realidad comenzó a gustarme. Mi asistente ejecutivo dice que ella era una de las personas más tacañas de la tierra, y ahora es una dadora radical y extravagante. Ella dice que la lección más grande y más transformadora que ha aprendido de mis enseñanzas es a dar. Para pasar de ser así de tacaña a ser ahora muy generosa, ella tuvo que comenzar haciendo actos de generosidad a propósito.

Nuestros hijos nos han dicho a Dave y a mí que una de las mejores cosas que les enseñamos fue a dar. Aprenda a ser generoso y enséñelo a otras personas. Si su espíritu está de acuerdo con lo que está leyendo aquí sobre la generosidad pero sabe que no es usted una persona verdaderamente generosa, puede llegar a serlo. Ore y pida a Dios que le ayude, y entonces comience a hacer cosas por los demás hasta que se convierta en un hábito.

No crea que tiene que tener mucho dinero para ser generoso. La generosidad puede practicarse independientemente de lo mucho o lo poco que usted tenga. Si comparte lo que tiene con otros libremente, es usted una persona generosa. Puede compartir una comida, prestar una mano de ayuda, dar hospitalidad invitando a otros a su casa, o puede dar el regalo de la amistad verdadera. A mí me gusta hacer regalos a personas, pero las cosas no son lo único o ni siquiera lo más importante que se puede dar.

Lo principal debería ser que estemos permitiendo que fluya desde nosotros abundancia de cosas buenas hacia los demás. La avaricia me asusta porque creo que puede apoderarse fácilmente de cualquiera si no se lucha contra ella. Cuando Dios comienza a bendecirnos, lo último que deberíamos hacer es volvernos avariciosos. Cuando fluyan las bendiciones hacia nosotros, ese es el momento de proseguir para ser una bendición a otros más que nunca.

> *Haré de ti una nación grande, y te bendeciré; haré famoso tu nombre, y serás una bendición.*
>
> *Génesis 12:2*

Dios le dijo a Abraham que quería bendecirle abundantemente, pero la promesa llegaba con una instrucción de ser una bendición a otros. Si nos convertimos en "guardadores" de todo lo que llega a nosotros y no dejamos que fluya a través de nosotros, nos volvemos como pozos atrancados. Tenemos lo necesario para ayudar a las personas, pero nos negamos a dejar que fluya. No sólo otros quedan privados de bendiciones si nosotros somos tacaños o avariciosos, sino que también nos sentimos muy desgraciados. ¿Posee usted sus posesiones, o sus posesiones le poseen a usted? ¿Es capaz de utilizar lo que tiene para ser una bendición? Dios es un dador, y si queremos disfrutar la vida y cumplir nuestro propósito, entonces debemos convertirnos también en dadores.

Hay una diferencia entre quien da ocasionalmente y un dador. Cuando una persona da ocasionalmente, es algo que hace, pero cuando se convierte en un dador, eso es él o ella. El dar se ha convertido en un hábito, y es parte de su carácter. No hay que convencer a esa persona para que dé, sino que, en cambio, realmente le encanta dar y siempre está buscando maneras de hacerlo.

Este es un buen lugar para detenernos por un momento y hacer una comprobación de realidad. Es momento para una prueba de verdad. ¿Es usted un dador generoso? ¿Da todo lo que puede de diversas maneras, o sigue reteniendo a causa del temor, intentando con fuerza asegurarse de que primero esté usted bien atendido? Si sabe en su corazón que no es una persona generosa, no se sienta culpable, sino comience a desarrollar el hábito de ser generoso.

Haga un plan

¿Cuáles son algunos pasos que puede usted dar para comenzar a formar este maravilloso hábito? En primer lugar sugiero que haga un plan. Cada día, piense en personas a las que pueda bendecir y de qué maneras puede bendecirles. Cuanto más piense en otros, menos tiempo tendrá para concentrarse en usted mismo y en sus propios problemas. He descubierto con los años que cuanto menos pienso en mí misma, más feliz soy.

Piense en las personas con las que estará hoy, y piense en cuáles pueden ser sus necesidades. Quizá solamente necesiten aliento; quizá necesiten hablar y usted podría bendecirles al escuchar. Quizá tengan necesidad económica y usted podría darles una tarjeta de compra para el supermercado o una tarjeta para gasolina. Hay interminables maneras de bendecir a las personas si sencillamente ponemos nuestra mente a trabajar. Si usted no sabe lo que la persona necesita, entonces comience a escucharla, y no pasará mucho tiempo hasta que le oiga mencionar algo que le hace falta. Una persona podría decir: "Últimamente he estado muy desalentado", y esa es su oportunidad para alentarle. O podría decir en la conversación: "Realmente necesito ropa nueva, pero tendré que esperar un poco", y podría usted considerar comprarle un traje nuevo. Si viste la misma talla que usted, podría regalarle alguno de los suyos. A veces, he mantenido una lista de cosas que he oído decir a varias personas que quieren o necesitan, e incluso si yo no puedo hacerlo por ellos en ese momento, lo mantengo en mi lista y lo hago cuando puedo. Aprenda a escuchar.

Otra cosa que podemos hacer es un inventario de lo

que poseemos y no usamos nunca y comenzar a regalarlo. Siempre hay personas que desesperadamente necesitan o quieren lo que nosotros tenemos y ni siquiera utilizamos. Mi lema es: "Úsalo o suéltalo".

No tenemos que conocer personalmente a una persona para ser una bendición para ella. Si decidimos ser una bendición dondequiera que vayamos, eso tendrá que incluir a los extraños. He descubierto que las personas se sienten bien si yo les pregunto su nombre cuando me están ayudando en una tienda en un restaurante. Las personas quieren y necesitan sentir que estamos interesados genuinamente en ellos como individuos.

Planee poner sonrisas en los rostros. Incluso puede comenzar con una meta como: "Quiero poner una sonrisa al menos en un rostro al día"; es decir, al ser una bendición de alguna manera. Cuando alcance esa meta regularmente, auméntela a dos rostros y después cada vez a más. Pronto la generosidad se convertirá en un estilo de vida.

Sea creativo y ore para que Dios le muestre maneras de poder bendecir a personas. Cuanto más generoso se vuelva usted, más será bendecido en su propia vida. Hágalo para la gloria de Dios y en obediencia a Él. No podemos dar más que Dios. Él dijo que si damos, nos será dado, medida buena, apretada y rebosando (Lucas 6:38). No terminará usted con menos si es un dador generoso; en realidad prosperará en todo lo que haga.

Generosidad no solamente es dar de nosotros mismos, de nuestro dinero y cosas; también implica el modo en que tratamos a las personas. Las personas generosas de espíritu serán pacientes con las debilidades de los demás, rápidas en perdonar y lentas para enojarse. Siempre creen lo mejor de las personas. Escuchan cuando otros sufren y hacen un intento por dar consuelo, o solamente mostrar interés. También son alentadoras, y edifican a las personas. Dan mucha importancia a lo que otros hacen bien, pero frecuentemente ni siquiera mencionan lo que hacen mal. Si yo tuviera que escoger entre ambas cosas, preferiría tener a alguien que me diera esas cosas en lugar de que pagase mi almuerzo.

Criaturas de hábito

Somos criaturas de hábito, pero los malos hábitos pueden ser rotos y pueden ser sustituidos por buenos hábitos. Como ya he dicho, creo que si nos concentramos en formar buenos hábitos, los malos no tendrán ningún lugar desde donde operar en nuestras vidas. Podemos formar el hábito de ser una persona generosa que continuamente se acerca a otros para hacer que sus vidas sean mejores, y al hacerlo, los malos hábitos que anteriormente teníamos no encontrarán lugar alguno en nosotros. Admito que yo era una persona muy egoísta y centrada en mí misma durante gran parte de mi vida. No tenemos que aprender a ser egoístas, pues nacemos con esa capacidad. Afortunadamente, mediante el nuevo nacimiento en Jesucristo, podemos cambiar. Jesús murió para que ya no tuviésemos que vivir para nosotros mismos (2 Corintios 5:15). ¡Esas son buenas noticias! Podemos ser libres del egoísmo. Podemos ser libres de pensar constantemente: "¿Y qué de mí?". No tendremos que temer que nuestras necesidades no sean satisfechas, porque Dios siempre se ocupará de nuestras necesidades cuando nosotros nos ocupemos de cuidarnos de las necesidades de otras personas.

CAPÍTULO
13

Conducta 10: El hábito de la prisa

El diablo tiene una mano en
lo que se hace con prisa.
Proverbio turco

Las personas ocupadas con frecuencia sienten que deben apresurarse para hacer todo lo que tienen que hacer, pero yo creo que si constantemente debemos apresurarnos para conseguir que todo se haga, estamos haciendo demasiado. La mayoría de personas en la actualidad dicen que tienen demasiado que hacer y lamentan el estrés bajo el que se encuentran, pero olvidan que ellos son quienes organizan su horario, y son los únicos que pueden cambiarlo. ¿Realmente tenemos que hacer todas las cosas que hacemos, o podríamos fácilmente eliminar algunas de ellas y poder disminuir el paso, y vivir la vida a un ritmo del que pudiéramos disfrutar? Creo que todos conocemos la respuesta a esa pregunta. Claro que podemos hacer menos si verdaderamente queremos.

Cuando vemos la duración de la vida de una persona sobre el papel o sobre una tumba, comienza con el año de su nacimiento y termina con el año de su muerte. Lo único que hay entre esas dos fechas es un guión. Quizá el guión esté ahí porque eso es lo que parece nuestra vida. Hacemos todo con prisa, y antes de darnos cuenta, la vida llega a su fin y puede que no la hayamos disfrutado en absoluto.

> *La mayoría de los hombres buscan el placer con tanta prisa sin aliento, que lo dejan atrás.*
>
> Soren Kierkegaard

Gran parte de lo que nos apresuramos a hacer lo hacemos porque pensamos que si lo hacemos en ese momento, disfrutaremos de la vida en algún momento en el futuro. ¡Sugiero que disminuyamos el paso y comencemos a disfrutar de la vida ahora!

¿Tiene prisa Dios?

Mi experiencia es que Dios no tiene prisa. Él parece tomarse su tiempo con todo. Nunca llega tarde, pero normalmente tampoco llega temprano, y espera que seamos pacientes mientras esperamos. En este momento estoy mirando por un gran ventanal a árboles, césped, flores y pájaros blancos que vuelan por la zona ocasionalmente. Mientras miro, me doy cuenta de que la naturaleza no tiene prisa; sin embargo, se hace todo lo que hay que hacer.

Las personas que disfrutan al estar en el exterior dicen que les gusta la naturaleza porque es pacífica. A mí me gusta porque me recuerda a Dios y su creación. Me encanta la paz que produce. Un paseo desenfadado por la naturaleza es útil para nuestra alma al igual que para nuestro cuerpo. Pero ¿cuán frecuentemente tomamos tiempo para darlo? Algunas personas caminan o corren para hacer ejercicio, y puede que disfruten del beneficio que obtienen de ello, pero eso es bastante distinto a caminar simplemente para disfrutar de la creación de Dios y de la paz que produce. Tome la decisión de no pasar apresuradamente al lado de la creación de Dios y no tomar nunca tiempo para observar, disfrutar y apreciar.

Durante los últimos años he hecho un esfuerzo por aprender a disfrutar de todo lo que hago, y a fin de hacer eso tengo que seguir recordándome a mí misma que disminuya el paso. Podrían referirse a mí como a una persona rápida. Yo tomo decisiones rápidas, paso de una cosa a otra rápidamente y en ocasiones me muevo tan deprisa que no recuerdo lo que hice. Mi hija en broma me ha pedido que espere hasta que ella estacione el auto para desabrocharme mi cinturón de seguridad y abrir la puerta para salir. Si vamos juntas de compras, yo puedo estar en la tienda mientras ella está aún saliendo del auto. Si no sigo recordándome a mí misma que disminuya el paso, descubro que mi mente normalmente va un paso por delante de donde yo estoy.

Dave rara vez se apresura, mi yerno rara vez se apresura, y conozco a algunas otras personas que son como ellos, pero la mayoría de personas tienen prisa, y tristemente ni siquiera están seguras de hacia dónde se dirigen en la vida. Si usted y yo queremos romper el hábito de la prisa, tendremos que realizar cambios en nuestro estilo de vida y mentalidad. Los buenos hábitos expulsan a otros malos; por tanto, enfóquese en permanecer en paz y con paciencia, y la prisa finalmente será una cosa del pasado.

Poner una alarma de sobrecarga

En realidad no tiene que hacer usted todo lo que los demás quieren que haga, y es perfectamente aceptable decir no. Proteja su paz al negarse a sobrecargar su horario. En cuanto comience a sentirse presionado a hacer más de lo que sabe que puede hacer pacíficamente, deje que esa sea su alarma de sobrecarga. Al igual que la alarma de un reloj nos da la señal para que nos levantemos y comencemos el día, deje que su alarma de sobrecarga sea su señal para decir no a cualquier cosa que venga a fin de retener la paz. Una de las personas a las que tengo que decir no es a mí misma. A veces, quiero hacer cosas yo misma que me hacen sentirme presionada y tengo que decir: "Joyce, tu paz es más importante que esto que quieres hacer". Con bastante frecuencia nosotros somos nuestro peor enemigo. Puede que queramos participar en todo en lo que participan las personas que conocemos, pero puede que eso no sea lo mejor para nosotros. Si usted sigue la sabiduría, puede retener la paz incluso cuando todas las personas que conoce están estresadas debido a la prisa.

Cuando fije citas que rápidamente pueden llenar todos sus días, asegúrese de fijar citas con usted mismo para obtener descanso y relajación. Tome tiempo para evaluar su horario con frecuencia, y si hay cosas en él que no están dando buenos frutos para usted o que piensa que ya no debería hacer, elimínelas. Pregúntese si lo que está haciendo vale la pena lo que le cuesta a fin de hacerlo.

Dios no tiene prisa. Si nosotros tenemos prisa, es probable que pasemos rápidamente por su lado y después nos preguntemos dónde se fue Él. Aprenda a vivir en el ritmo divino de Dios. Viva a un ritmo que le permita hacer lo que hace con paciencia y paz.

San Francisco de Sales dijo: "Nunca tenga prisa; haga todo tranquilamente y con un espíritu calmado. No pierda su paz interior por ninguna cosa en absoluto, incluso si todo su mundo parece trastornado".

Los beneficios de la prisa

Cuando medito en cuáles son los beneficios de la prisa, sinceramente no puedo pensar en ninguno; pero rápidamente puedo pensar en varias desventajas. La prisa continua es mala para nuestra salud; pone estrés sobre nosotros, y todos sabemos lo que eso produce. La prisa daña nuestras relaciones. O nunca tomamos tiempo para desarrollar ninguna, o si tenemos amistades, no tomamos tiempo para escucharles verdaderamente o satisfacer sus necesidades. Con frecuencia descuidamos a nuestra familia en la búsqueda de lograr todas las cosas que tenemos que hacer. Estamos demasiado ocupados para escuchar a los niños cuando ellos intentan decirnos algo, demasiado ocupados para visitar a nuestros padres ancianos que están solos, y demasiado ocupados para emplear tiempo en nuestro matrimonio, que seguramente se desmoronará algún día si no lo hacemos. Ya he mencionado una de las inmensas desventajas de la prisa, y es que no disfrutamos de nada de lo que hacemos. La vida pasa como en una neblina, y al final de ella lamentaremos no haber hecho menos y haber disfrutado más.

De hecho, me atrevo a decir que muchas de las cosas que consideramos una pérdida de nuestro tiempo serán precisamente las cosas que más atesoraremos en años futuros. ¿A cuántas mamás conoce con hijos adultos que darían cualquier cosa por poder sentarse con sus pequeños y ser entretenidas con cada pequeña cosa que sucedió ese día? A cuántas esposas no les encantaría otra cosa que ver interminables repeticiones de los viejos episodios de *Star Trek* con su esposo; si él estuviera ahí. ¿Cuántos de nosotros lamentaremos las veces en que no llamamos a nuestra mamá sólo para decir hola o hacerle una breve visita?

Cada vez que hacemos una de esas cosas estamos añadiendo a nuestra cuenta bancaria. Esa cuenta no está compuesta por dinero para gastar en años futuros; está compuesta por recuerdos que podemos disfrutar una y otra vez en el futuro.

Tener prisa hace que nos perdamos las cosas verdaderamente importantes de la vida. Nos hace estar malhumorados e impacientes con personas y cosas, y somos rápidos para mostrar enojo, y nuestra excusa es siempre que estamos ocupados y tenemos prisa, como si eso perdonase nuestra mala conducta. La impaciencia es meramente prisa interior. Tenemos que pensar continuamente y planear intentar hacer todo lo que pensamos que tenemos que hacer. Apresuramos a nuestra alma, y cuando alguien o alguna cosa no se mueven tan rápidamente como nosotros, mostramos una actitud de impaciencia.

Por ejemplo, si yo tengo prisa y Dave quiere hablarme del partido de la noche anterior, algo en lo que yo no estoy interesada en absoluto, casi siempre me pondré impaciente con él. O si yo tengo prisa y algo mecánico no funciona del modo en que debería, me irrito y me siento impaciente, y con frecuencia me encuentro gritándole a un pedazo de metal. ¿Se ha enojado alguna vez con su computadora o su teléfono celular y le ha llamado estúpido? Yo lo he hecho.

Le aliento a que disminuya el ritmo y rompa el hábito de la prisa antes de que se dañe usted mismo, a las personas que le rodean y al buen plan que Dios tiene para usted.

Hay tantas personas que tienen prisa en la actualidad que puede que ni siquiera se den cuenta de que es anormal, pero lo es. Nunca fue intención de Dios que nos apresurásemos en todo y que tuviésemos nuestra alma con nudos debido al estrés de la prisa. La prisa es una ladrona de paz, y uno de los regalos más preciosos que Jesús nos ha dejado es su paz. Sin ella, no vale la pena vivir la vida, por lo que a mí respecta.

> *La paz les dejo; mi paz les doy. Yo no se la doy a ustedes como la da el mundo. No se angustien ni se acobarden.*
>
> Juan 14:27

El mensaje en este versículo de la Escritura es claro. Jesús nos ha dejado su paz, pero nosotros debemos ser responsables de organizar nuestras vidas de tal manera que podamos disfrutarla. Es un regalo que Jesús ha dado gratuitamente, pero podemos perdernos por completo los beneficios de ella a menos que la valoremos mucho. ¿Qué podría usted cambiar en su vida que le daría inmediatamente más paz?

Si sabemos qué hacer y no lo hacemos, entonces no hay nada que pueda hacerse para ayudarnos. Con frecuencia oramos por paz, pero ¿estamos haciendo nuestra parte? Dios no lo hace todo por nosotros, pero nos mostrará qué hacer y entonces nos dará la capacidad de hacerlo si estamos dispuestos. Cuando sepamos qué hacer, es mejor no dejarlo para más adelante sino emprender la acción y hacerlo. *Pronto pero no ahora* con frecuencia se convierte en *nunca*. Cuando usted sabe lo que tiene que hacer, muévase y hágalo. Posponer las cosas las deja por ahí para molestarnos, pero completarlas nos da un sentimiento de ordenada satisfacción. Cuando hay una colina que escalar, no piense que la espera hará que sea más pequeña. Si no postergamos las cosas, no nos veremos presionados al tener que apresurarnos para hacerlas en el último momento.

Si no hay beneficio alguno en la prisa, entonces ¿por qué lo hacemos? Ah, claro, a veces tenemos que movernos con un poco más de rapidez para llegar a una cita a tiempo porque sucedió algo que no habíamos planeado, pero eso es totalmente distinto a vivir apresuradamente todo el tiempo. E incluso las veces en que necesitamos apresurarnos para llegar a algún lugar a tiempo, probablemente podríamos haberlo evitado si lo hubiéramos planeado mejor.

Vivir con margen

Si tiene usted un serio hábito de la prisa, probablemente necesite localizar las raíces de su problema. La prisa puede que sólo sea un mal hábito, pero también puede ser el fruto de la postergación. Las personas que postergan las cosas y se retrasan, que siempre esperan hasta el último minuto para hacer las cosas, siempre tendrán prisa. Aprenda a vivir con margen. Eso significa asignar más tiempo del que usted cree que podría ser necesario para prepararse para hacer cosas y llegar a lugares. Entonces, si sucede algo que usted no esperaba que sucediera, estará preparado.

Yo soy una persona muy enfocada y no me gusta

desperdiciar tiempo, por eso tiendo a no dejar mucho espacio entre citas o eventos, y eso con frecuencia ha causado que me sienta apresurada. Si alguna cosa sale mal en mi plan perfecto, entonces todo mi día puede estar desajustado según mi horario tan bien planeado. He aprendido, al haber experimentado muchos días frustrantes, que el mejor plan es dejar espacio (margen) para las cosas inesperadas. En otras palabras, he aprendido a esperar lo inesperado. Si su plan para el día no está funcionando, haga una llamada telefónica y cambie algo si eso evitará que tenga que apresurarse. Declare la guerra a la prisa, y permanezca en la batalla hasta que haya detectado y derrotado a cada enemigo de su paz.

Comenzar bien

Hace unos años escribí un devocional titulado *Comience bien su día*, y es uno de nuestros libros de mejor venta. ¿Por qué? Porque las personas entienden que si pueden comenzar correctamente su día, el resto de ese día irá mucho mejor. Si necesita romper el hábito de la prisa, diga buenos días a Jesús cuando se despierte y después declare: "No me apresuraré hoy. Haré las cosas al ritmo que me permita mantener la paz, la paciencia y que me haga disfrutar de cada tarea". Siempre que sienta que comienza a apresurarse, dígalo de nuevo, y una y otra vez si es eso lo que tiene que hacer. Esta confesión sería mucho mejor que decir: "Tengo prisa" unas veinte veces por día.

Esto puede y debería hacerse con cualquier hábito en que esté trabajando. Si está formando el hábito de ser una persona decisiva, entonces cuando se despierte, después de saludar al Señor diga: "Hoy tomaré decisiones. Soy sabio, soy guiado por el Espíritu Santo, y no dejaré las cosas para después". Eso es mucho mejor que decir durante todo el día: "Me resulta muy difícil tomar decisiones".

No olvide practicar el hábito Dios, ¡porque el formar todos los otros buenos hábitos depende de ello! Pase tiempo con Dios y pida su ayuda al comienzo del día. Hacer estas cosas le ayudará a comenzar bien su día.

14

Conducta 11: Hábitos emocionales

Todos tenemos emociones, y nunca sabemos cuándo aparecerán o se irán, pero no tenemos que permitir que nos gobiernen. Podemos controlar nuestras emociones y romper hábitos emocionales que nos hacen daño a nosotros mismos y a otros. Algunos hábitos emocionales dañinos son: autocompasión, depresión y excesivo desánimo o tristeza, y permitir que nuestras circunstancias determinen nuestro estado de ánimo. Otros son ser irascible, ser delicado y ofenderse con facilidad, y emprender la acción basados en la emoción sin ser realistas y pensar en lo que estamos haciendo. Hay cientos de emociones, pero estas son algunas de las que tratamos más frecuentemente.

Autocompasión

El hábito de sentir lástima por nosotros mismos es a lo que me refiero como un hábito feo.

No hay nada tan poco atractivo que mirar o más desagradable con quien estar que una persona que sea propensa a la autocompasión. Es muy agotador para todos. Conozco a una mujer que fue muy dulce y agradable toda su vida, y le encantaba hacer cosas por otras personas;

pero a los ochenta y siete años de edad ya no podía vivir sola, y tuvo que ingresar en una residencia para ancianos. La residencia era una de las mejores en la ciudad, y la plantilla de personal era superior. Se ocupaban bien de ella, tenía buenos alimentos, sus hijos pagaban las facturas y la visitaban con frecuencia, pero ella permitió que la emoción de la autocompasión comenzase a gobernar en su vida. Se quejaba de todo y encontraba fallos en todo. Frecuentemente decía que las personas no entendían lo difícil que le resultaba renunciar a todas sus cosas y tener que apoyarse en otras personas.

El problema se volvió tan grave que las personas aborrecían visitarla, y el personal se estremecía cada vez que ella apretaba el botón o encendía la bombilla roja que había fuera de su cuarto, indicando que quería o necesitaba algo.

Pensar en las cosas negativas en su vida finalmente le hizo estar enojada y deprimida, y tristemente su médico tuvo que darle cada vez más medicinas para la ansiedad y los nervios para mantenerla lo bastante calmada para que las personas pudieran manejarla. Creo verdaderamente que si ella hubiera sido positiva y agradecida, su experiencia podía haber sido un gozo. Ella estaba tan centrada en sí misma que se negaba incluso a salir de su cuarto para visitar a cualquiera de los otros residentes o para ir al comedor, a la capilla, o a cualquier función que ofrecía la residencia. Para mí, este es un buen ejemplo de cómo mostrar habitualmente emociones equivocadas puede literalmente arruinar nuestra vida y nuestras relaciones. Ella sí tenía opción en cuanto a cómo reaccionaría a ese nuevo periodo de su vida, pero tomó la decisión equivocada que le condujo hacia años desgraciados para ella que podrían fácilmente haberse evitado.

Uno de mis mayores problemas en los primeros años de mi vida fue la autocompasión. Era sin duda alguna una emoción que yo permitía que me controlase la mayor parte del tiempo. Cuando no obtenía lo que quería o tenía dificultades y problemas, mi primera reacción era sentir lástima de mí misma. Yo había soportado una niñez abusiva y un primer esposo infiel, y en cierto modo caí en la trampa de pensar que tenía derecho a sentir lástima de mí misma. Pensaba que después de todo lo que había aguantado, era momento de que tuviera una vida fácil y consiguiera las cosas a mi manera, y cuando ese no era el caso, me hundía en la autocompasión. Recuerdo cuando Dios habló a mi corazón: "Joyce, tienes motivo para sentir lástima de ti misma, pero no tienes derecho a ello porque yo estoy dispuesto y esperando a llevar justicia y recompensa a tu vida". Cuando nos permitimos convertirnos en una víctima, eso amenaza nuestro futuro. No importa el mal comienzo que puede que hayamos tenido en la vida, o incluso lo mal que están las cosas en este momento; Dios siempre nos recompensará y nos dará una doble bendición por nuestros anteriores problemas si estamos dispuestos a hacer las cosas a su manera. Su manera no es la autocompasión y todas las otras emociones negativas que la acompañan. Yo tuve que romper el hábito de la autocompasión, y usted tendrá que hacer lo mismo si eso es un problema para usted. La autocompasión le mantiene atascado solamente con usted mismo, y el yo con quien está no es feliz. Usted se convierte en el centro de su universo. Dios tuvo que mostrarme que la autocompasión es realmente idolatría, porque cuando nos enfocamos hacia el interior, nos centramos en agradarnos a nosotros mismos en lugar de centrarnos en Dios.

*La autocompasión es una muerte y no tiene
resurrección, es un sumidero del cual ninguna mano
puede sacarle porque usted ha escogido hundirse.*

Elizabeth Elliot

No podemos recibir ayuda de Dios o del hombre hasta
que tomemos la decisión de romper el mal hábito de hundirnos en la autocompasión cuando nos enfrentamos a
desengaños en la vida.

Como con cualquier mal hábito, el modo de vencer la
autocompasión es reconocerla y darse cuenta de que le
está haciendo daño y que no agrada a Dios. Entonces debe
confesarla como pecado, arrepentirse y pedir el perdón
y la ayuda de Dios para cambiar. Aprenda a reconocer
las señales de que se está hundiendo usted en la autocompasión, y diga: "No, no voy a volver otra vez a ese
lugar oscuro". La autocompasión es una pérdida total del
tiempo, y nos hace sentir abominables. Evita que Dios nos
ayude, hace que sea desagradable estar a nuestro lado, y
roba el gozo y la paz.

Si está comenzando a hundirse en la autocompasión,
entonces piense en sus bendiciones. Escríbalas y repítalas
en voz alta. Vaya a visitar o llame a alguien que esté peor
que usted. Salga y ayude a alguien, pero cualquier cosa que
haga, no se limite a hundirse cada vez más profundamente
en la lástima por usted mismo. Si tiene un lugar donde
vivir, alimentos para comer y ropa para vestir, está usted en
mejor posición que la mayoría de la mitad de la población
del mundo. Si nos comparamos con personas que parecen
tener una vida mejor que nosotros, fácilmente podemos
hundirnos en la autocompasión. Sin embargo, si nos comparamos con quienes tienen menos que nosotros, entonces

ciertamente nos sentiremos afortunados. Desarrolle el hábito de no permitir que emociones como la autocompasión le controlen.

Controle su enojo

> *Deja la ira, y desecha el enojo; no te excites en manera alguna a hacer lo malo.*
>
> *Salmos 37:8, RVR1960*

El enojo es un síntoma; el yo es la enfermedad. Podemos fácilmente llegar a enojarnos y perder nuestra paz cuando no obtenemos lo que queremos, pero también podemos desarrollar el hábito de permanecer en paz y no permitir que nuestras emociones nos controlen. Mantener feliz al "yo" puede convertirse en una tarea de tiempo completo, pero la paga es decepcionante al final de la semana. Yo finalmente entendí que cuanto más me consentía a mí misma, más desgraciada era. Creo que el único camino hacia la felicidad verdadera es olvidarse de usted mismo y vivir para ser una bendición para otros. Dios siempre nos dará gozo si seguimos sus pautas para una vida feliz.

La Biblia nos enseña claramente que debemos controlar nuestro enojo. Puede que usted piense que no puede hacer eso, pero la verdad es que es *su* enojo, y solamente usted puede soltarlo o controlarlo. La decisión es de usted. Yo me crié en una casa donde el enojo y los problemas eran la norma. Mi padre era un hombre muy enojado, y utilizaba su enojo para controlar a las personas mediante el temor. Yo estaba tan acostumbrada al enojo que ni siquiera sabía que la paz era una opción hasta que vi la paz de Dios operando por medio de Dave.

¿Enojo justo o injusto?

El enojo justo es una emoción divina, pero es enojo dirigido hacia el mal en lugar de hacia todas las personas y cosas en nuestra vida que nos molestan. Si vamos a enojarnos, ¿por qué no enojarnos lo bastante ante la pobreza para hacer algo al respecto? ¿O enojarnos tanto por el tráfico de seres humanos que oremos y participemos de alguna manera para rescatar a quienes están esclavizados por esta terrible tragedia? Recientemente, uno de nuestros equipos médicos estaba en una zona del mundo donde prolifera el tráfico sexual, y debido a la pobreza extrema que existe allí, muchos padres venden a uno o dos de sus hijos por quinientos dólares a fin de evitar que los otros cinco o seis se mueran de hambre. Racionalizan que al menos aquellos a quienes venden serán alimentados, y el precio que obtienen por ellos alimentará a los que quedan en casa. No tienen un verdadero entendimiento de que están vendiendo a sus hijos a una vida de tormento, enfermedad y esclavitud. Afortunadamente, en este momento estamos negociando con traficantes en aquella zona para volver a comprar a esas muchachas, muchachas que ya estaban dentro de un contenedor esperando a ser enviadas a otro país donde serían obligadas a ejercer la prostitución. Costará tres mil dólares, pero vale la pena cada centavo por salvarlas de la vida que tendrían que soportar. Estamos enojados por esta maldad en el mundo actualmente, pero es un enojo justo que nos mueve a la acción. Yo malgasté gran parte de mi vida con un enojo injusto, al estar enojada porque no conseguía todo lo que quería, y me niego a malgastar nada más. ¿Está usted en ese punto ya? Espero que lo esté, y que comience a tener el control de su enojo en lugar de permitir que su enojo le controle.

Aunque hay un enojo justo, ese no es normalmente el tipo de enojo que experimentamos; además, ese no es el que nos causa problemas. El tipo de enojo que normalmente sentimos es el enojo *injusto*. Es el enojo que desencadena dolor y daño no solamente a otros sino también a nosotros mismos.

La emoción del enojo injusto es una enfermedad a la espera de producirse. El enojo frecuente sitúa sobre nosotros un estrés indebido y es la raíz de muchas enfermedades. Médicos de Coral Gables, Florida, compararon la eficacia de la acción de bombeo del corazón en dieciocho hombres con enfermedades coronarias con nueve controles sanos. Cada uno de los participantes en el estudio se sometió a una prueba de estrés físico (en una bicicleta estática) y tres pruebas de estrés mental (haciendo problemas de matemáticas en su mente, recordando un incidente reciente que les hubiera hecho sentir mucho enojo, y dando un breve discurso para defenderse contra una hipotética acusación por hurto). Utilizando sofisticadas técnicas de rayos X, los médicos tomaron fotografías de los corazones de los sujetos en acción durante aquellas pruebas.

Para todos los sujetos, el enojo reducía la cantidad de sangre que el corazón bombeaba a los tejidos corporales más de lo que lo hacían las otras pruebas, y esto fue especialmente cierto para aquellos que tenían enfermedades cardiacas.

Los médicos que realizaron las pruebas comentaron: "Por qué el enojo es mucho más potente que el temor o el estrés mental es lo que nos preguntamos. Pero hasta que hagamos más investigación sobre este tema, no haría daño alguno contar hasta diez antes de explotar en enojo".

La interpretación de Dios de "explotar en enojo" es "sólo quédense tranquilos" (Éxodo 14:14, NTV). Él nos ha dado su paz, pero tenemos que aferrarnos a ella cuando la tentación de perderla llegue a nuestra puerta. Sé que es posible romper el hábito de permitir que la emoción del enojo injusto nos controle, y disfrutar la paz de Dios en todo momento.

Reacciones emocionales

Hemos aprendido conductas que nos hacen reaccionar a diversas situaciones sin ni siquiera pensarlo. Hay hábitos que se han formado a lo largo de años de repetición. Cuando estamos molestos, reaccionamos de una manera; cuando estamos desalentados, puede que reaccionemos de otra. Cuando estamos heridos, podemos reaccionar de una manera totalmente distinta a cuando estamos molestos o decepcionados. Jesús experimentó todas estas emociones, y aun así siempre reaccionó de la misma manera. Él confiaba en Dios y mantenía la calma. ¿Podemos nosotros hacer lo mismo? ¡Sí, podemos! Comience a prestar atención a su modo de reaccionar en situaciones y anote sus observaciones en un diario. Poco después se dará cuenta de que está reaccionando a los estímulos emocionales en lugar de actuar con propósito según las instrucciones que Dios en su Palabra. Puede usted desarrollar un nuevo hábito de permanecer estable en toda circunstancia.

Si yo siento lástima de mí misma y estoy enojada cuando alguien hiere mis sentimientos, entonces estoy reaccionando a las emociones que se avivan en mí. Eso las sitúa en control de mi vida, y eso no es bueno. Sin embargo, si yo perdono a esa persona, que es lo que Jesús nos enseña que hagamos, entonces Dios está controlando mi vida, y eso es maravilloso. Si permitimos que lo que otras personas nos hacen y otras circunstancias controlen nuestra conducta, entonces nos convertimos en un esclavo de nuestras emociones. Por otro lado, si somos guiados voluntariamente por la Palabra de Dios y por su Espíritu, nos convertimos en siervos de Dios y podemos esperar disfrutar de la vida y de todo lo que Dios nos ha prometido.

Heridas emocionales

Todo el mundo experimenta heridas emocionales en su vida, algunas de ellas más profundas que otras. Todos debemos aprender a no permitir que nuestras emociones nos controlen, pero las personas que han sido profundamente heridas emocionalmente puede que tengan mayor dificultad para hacer eso que otras. Si una persona ha sido rechazada, abandonada o ha recibido abusos, es probable que sus emociones no funcionen como deberían si no hubieran pasado por esos traumas. Si a usted le han retirado el amor y la aceptación, o le han hecho sentir que no tiene valor alguno, entonces encaja usted en la categoría de personas a las que Dios denomina quebrantados de corazón. Pero tengo buenas noticias para usted. Jesús vino a sanar a los quebrantados de corazón, a darles belleza en lugar de cenizas, gozo en lugar de lamento, y alabanza en lugar de espíritu angustiado. Él también vino para cambiar la confusión por paz.

Yo he sido la receptora de la sanidad de Dios en mi vida, y espero que usted también lo haya sido. Sin embargo, si tiene necesidad de este tipo de sanidad, quiero asegurarle que Jesús está esperando con los brazos abiertos para comenzar una restauración milagrosa en su vida. Si sus emociones están heridas, puede que tenga hábitos emocionales que son dañinos para usted.

¿Come para sentirse bien cuando está herido o molesto? Muchas personas que tienen el hábito de comer en exceso, corren hacia el refrigerador para sentirse bien cuando deberían correr hacia Dios.

¿Se va de compras y gasta dinero que no tiene cuando se siente herido? Si es así, está intentando comprar consuelo. Cualquier consuelo que obtengamos al satisfacer nuestra carne es temporal en el mejor de los casos, pero la profunda herida que necesita el toque sanador de Dios sigue estando dentro de nosotros. Ya sea comer, comprar, jugar, drogas, alcohol o cualquier otra conducta destructiva, Dios puede liberar y liberará a las personas que tienen esos problemas. Él es el Dios de toda sanidad y consuelo. ¡Él es nuestro libertador! El primer paso hacia la libertad es reconocer la verdad con respecto a por qué hacemos lo que hacemos, y estar decididos a que, con la ayuda de Dios, no permaneceremos en esclavitud.

Las personas hacen todo tipo de cosas cuando están molestas o se sienten emocionalmente decaídas en cualquier manera. Estas emociones causan estrés, y las personas recurren a hábitos, cosas que hacemos con frecuencia sin ni siquiera darnos cuenta de que las estamos haciendo, para buscar alivio. Aprenda a acudir a Dios en momentos de estrés en lugar de acudir al hábito o adicción al que normalmente acude. Jesús sencillamente dice. "Vengan a mí".

¿Hábito o adicción?

¿Cuándo un hábito es una conducta destructiva, y cuando es una adicción? Podemos tener diversos grados de hábitos que más o menos tienen control sobre nosotros; pero cuando un hábito destructivo se lleva al extremo, entonces normalmente se convierte en una adicción, algo que uno debe hacer a fin de sentirse calmado o satisfecho.

Cuando yo fumaba cigarrillos, automáticamente agarraba un cigarrillo varias veces al día, pero especialmente cuando estaba en una situación de estrés. Yo era adicta a la nicotina y tuve que pasar por un periodo de incomodidad físicamente, emocionalmente y mentalmente a fin de dejar de fumar. Nunca decía: "Soy adicta a los cigarrillos". Decía: "Tengo el mal hábito de fumar cigarrillos". Creo que nos sentimos más cómodos pensando que tenemos un mal hábito en lugar de pensar que somos adictos a algo. ¿Tenía yo un mal hábito o era adicta? No estoy segura exactamente de cuándo un hábito se convierte en una adicción, pero creo que la respuesta es la misma. El proceso de sanidad puede que sea más difícil si un hábito se ha convertido en una adicción, pero es contraproducente pensar que si somos adictos a algo, estamos atascados en el problema y sencillamente no podemos evitar hacer lo que hacemos.

Puede que las personas adictas sientan que no tienen opción en su conducta. Piensan que son adictos y que deben hacer lo que hacen. Cuando vemos algo como un hábito, estamos más inclinados a creer que el mal hábito puede ser roto, pero le aseguro que sea cual sea la categoría en que encaja su problema, puede ser usted completamente libre.

Sea el problema morderse las uñas o una adicción a la heroína, la respuesta sigue siendo la misma: ¡Dios le ayudará! No tengo intención de que eso suene demasiado simplista, pero en realidad lo es. ¡Él es nuestro Ayudador! ¿Será fácil romper esos hábitos o adicciones? ¡No! ¿Es posible? ¡Sí, totalmente sí! Si es usted adicto a cualquier tipo de conducta que sea destructiva, está sufriendo y puede que se sienta atrapado y sin esperanza, pero Dios nos ofrece esperanza en Él. Pasará usted por un periodo de sufrimiento mientras esté dejando esos hábitos y adicciones, pero será un sufrimiento que finalmente producirá gozo.

Cuando esté sufriendo los síntomas que conlleva el cambio de cualquier tipo, recuerde siempre: ¡EL SUFRIMIENTO TENDRÁ FIN!

Conducta 12: El hábito de la confianza

El éxito llega con "puedo";
no con "no puedo".
Anónimo

¿**P**uede la confianza convertirse en un hábito, o es algo que debemos esperar a sentir? Yo creo firmemente que podemos volvernos habitualmente confiados. ¿Qué es la confianza? Es la creencia en que usted es capaz de hacer cualquier cosa que haya que hacer. El mundo lo denomina autoconfianza, pero la Palabra de Dios lo denomina *confianza en Cristo*. Si mi confianza está en mí, es probable que regularmente quede decepcionada por mi capacidad de rendir o permanecer estable, pero si mi confianza está firmemente plantada en Cristo, puedo estar segura de que Él siempre permanecerá igual.

> *Pues todo lo puedo hacer por medio de Cristo, quien me da las fuerzas.*
>
> Filipenses 4:13, NTV

Este es un versículo de la Escritura al que recurro frecuentemente para recordarme a mí misma que, por medio de Cristo, puedo hacer cualquier cosa que necesite hacer en la vida. Creo que necesitamos recordar esto porque hay muchas personas listas y a la espera de decirnos lo que no podemos hacer y lo que no somos. Sally Field dijo: "Me tomó mucho tiempo no juzgarme a mí misma mediante los ojos de otra persona". Dejemos de dar a otros consentimiento para hacernos sentir inferiores, y creamos lo que Dios dice sobre nosotros en su Palabra.

¿Qué dice Él? A continuación hay cinco cosas que Él dice y que le alentarán.

1. Usted es amado de modo perfecto y completo (1 Juan 4:16-18).

2. Usted es aceptado y nunca será rechazado por Él si cree (Juan 3:18).

3. Tiene usted talentos y capacidades (Romanos 12:6).

4. Dios le creó de modo único y no debería compararse con los demás (Salmos 139:13-16).

5. Puede usted hacer cualquier cosa que necesite hacer por medio de Cristo, y no tener temor al fracaso (Filipenses 4:13).

Escogí estas cinco cosas porque todas ellas me han ministrado mucho en mi propia vida. Yo era insegura y carecía de verdadera confianza durante los primeros cuarenta años de mi vida, pero creer la Palabra de Dios me ha dado confianza y una nueva vida; y hará lo mismo por usted.

Solamente leer las escrituras anteriores no inició el cambio en mí. Tuve que aprender a pensar en ellas una y otra vez en mi mente y declararlas con mi boca. Las he leído cientos, si no miles de veces, y he permitido que penetren en mi conciencia. Han renovado mi mente, y me han cambiado a mí y mi actitud sobre mí misma y mi relación con Dios. Ahora tengo el hábito de la confianza, y usted también puede tenerlo. Podemos creer lo que Dios dice, o podemos creer lo que nosotros pensamos y lo que otras personas dicen. Yo creo que Dios es la opción mejor y más confiable.

Desde dentro hacia fuera

Tener confianza finalmente nos capacitará para vivir una vida más valiente y hacer cosas que no haríamos sin confianza, pero las cosas más importantes que eso hace por nosotros están en el interior. Nuestra verdadera vida está dentro de nosotros, y no se encuentra en lo que poseemos, en lo que hacemos para ganarnos la vida, en las personas a quienes conocemos o en la educación formal que tengamos. Esas cosas puede que sean parte de la vida de una persona confiada, pero no son la parte más importante de la vida de nadie. Algunas personas creen erróneamente que lo son, y desperdician su vida esforzándose por mejorar su vida exterior sin ni siquiera prestar atención a su vida interior.

Una persona confiada tiene descanso en su alma. Jesús nos prometió que si acudíamos a Él, Él nos daría descanso, paz, refrigerio y bendita tranquilidad para nuestra alma (Mateo 11:29). ¿No suena eso absolutamente maravilloso? El descanso para nuestras almas es vital. Podemos tumbarnos con nuestro cuerpo y obtener descanso físico pero no estar descansando verdaderamente porque nuestra alma (mente, voluntad y emociones) sigue trabajando todo el tiempo. ¡Dé unas vacaciones a su alma!

Tener reposo interiormente vale más que cualquier cosa que poseamos o que nunca poseeremos. Hay muchas personas aparentemente confiadas y exitosas que son desgraciadas en su interior. Creo que es importante que cada uno de nosotros entienda lo que es más importante y tenga la meta de obtenerlo. ¿Ha prestado usted más atención a su vida exterior que a su vida interior? Si es así, este es un buen momento para hacer un cambio.

La Palabra de Dios nos enseña a no poner ninguna confianza en lo que somos en la carne, en los privilegios y las ventajas exteriores, sino en cambio encontrar nuestra confianza solamente en Cristo (Filipenses 3:3). Si hacemos eso, tendremos una bendita tranquilidad para nuestra alma con la que ninguna otra cosa se compara. La confianza de saber que Dios le ama, le acepta y le aprueba es lo mejor que puede usted tener nunca.

Dios está con usted

¿Tiene la confianza de que Dios está con usted en todo momento? Él lo está, y quiere que todos nosotros tengamos esa seguridad. No sólo una mera esperanza, ¡sino seguridad! Incluso cuando no sentimos su presencia ni vemos ninguna evidencia de que Él esté con nosotros, podemos tener completa confianza en que lo está. Él ha prometido no dejarnos ni abandonarnos nunca, sino estar siempre con nosotros. Usted nunca está solo. Dios es omnipresente, y eso significa que Él está en todas partes, todo el tiempo.

¿A dónde podría alejarme de tu Espíritu?
¿A dónde podría huir de tu presencia?
Si subiera al cielo,
allí estás tú;
si tendiera mi lecho en el fondo del abismo,
también estás allí.
Si me elevara sobre las alas del alba,
o me estableciera en los extremos del mar,
aun allí tu mano me guiaría,
¡me sostendría tu mano derecha!

Salmos 139:7-10

Podemos ver en este Salmo escrito por David que él disfrutaba del tipo de confianza de la que hablo, y nosotros también podemos y deberíamos disfrutarla. Usted y yo podemos afrontar confiadamente cualquier situación o desafío, o cualquier cosa nueva que pudiera intentar intimidarnos o asustarnos. Cuando la afrontemos, podemos decirnos a nosotros mismos: "Por medio de la fuerza de Cristo y al poner mi confianza en Él, ¡puedo hacer esto!".

Tome una decisión

Le insto a que tome la decisión de que no será una persona tímida, insegura y dudosa, sino que será confiada. Cuando estoy ministrando a multitudes de personas, tengo que decidir tener confianza a pesar de cómo pudiera sentirme. No siempre puedo discernir al ver a las personas si ellas me aprueban a mí o lo que estoy diciendo, o ni siquiera lo interesadas que están. No podemos mirar a otros para que nos hagan sentir confiados, porque si lo hacemos, entonces siempre necesitaremos constantes muestras de señales de aprobación, miradas y palabras de aceptación a fin de ser estables.

Por mucho tiempo, yo pasé por mucho sufrimiento al intentar ministrar a las personas. Si alguien se levantaba y abandonaba la conferencia en la que yo estaba enseñando, estaba segura de que no le caía bien a esa persona o no le gustaba lo que yo decía. Si alguien parecía aburrido o dormido, inmediatamente pensaba que yo era el problema. Permitía que sus rostros dictasen mi nivel de confianza, y tuve que detener eso o seguir sintiéndome desgraciada el resto de mi vida. ¿Quiere usted pasar su vida buscando aprobación, o tener la seguridad de que tiene la aprobación de Dios y que eso es lo único que verdaderamente necesita?

Confianza no es un sentimiento que tenemos; es una mentalidad correcta. Podemos pensar que no caemos bien a las personas o que no les gusta lo que hacemos; ¿por qué la mayoría de personas se inclinan hacia lo negativo? Se inclinan hacia ese lado porque el diablo influencia su modo de pensar, y ellas no son conscientes de eso o no adoptan una acción agresiva para reclamar sus pensamientos. Podemos tener temor a que vamos a fracasar, o podemos esperar tener éxito.

Sea agresivo en su enfoque de la vida

La agresión verdaderamente piadosa comienza en el hombre interior. Sea valiente y agresivo, afrontando cada día con confianza, esperando tener éxito en cualquier cosa que haga ese día. Si tenemos una actitud interior de tranquilidad y confianza, nunca tendremos ningún problema para hacer lo que haya que hacer. La confianza no es un sentimiento que debemos producir y después salir al mundo y movernos con rapidez, hablar con fuerza y a menudo ser ofensivos. Es algo tranquilo y hermoso que comienza en el corazón y se mantiene firme en su convicción de que no estamos solos y podemos hacer las cosas. La actitud de la persona confiada está llena de "puedo", y no de "no puedo". Es firme y fuerte en el Señor.

Enfoque cada área de la vida con confianza. Si se está enfrentando a un cambio importante en este momento de su vida, no tenga temor a ello. Puede tener confianza en que será un nuevo periodo de bendición. Si está en medio de alguna prueba o dificultad, incluso en eso puede tener confianza en que Dios tiene un plan y que Él nunca permitirá que le suceda más de lo que usted pueda soportar. Él proporcionará una salida, y usted obtendrá una valiosa experiencia que le ayudará en el futuro.

Oración y confianza

La oración es una parte importante de nuestra vida como hijos de Dios, y debemos orar con confianza en que Dios escucha y quiere suplir nuestras necesidades y deseos correctos. Dios no quiere que nos acerquemos a Él tímidamente, temerosos y sin confianza. Él nos enseña que nos acerquemos confiadamente a su trono para pedir lo que necesitamos y queremos. Nunca se nos dice que entremos a hurtadillas en el trono o que nos arrastremos como mendigos. Conocemos a Jesús, y tenemos el uso de su maravilloso y poderoso nombre, de modo que podemos y deberíamos acudir con valentía.

Considere estos dos versículos de la Escritura:

Cualquier cosa que ustedes pidan en mi nombre, yo la haré; así será glorificado el Padre en el Hijo. Lo que pidan en mi nombre, yo lo haré.

Juan 14:13-14

No sólo es sorprendente lo que Jesús dice, sino que lo dice dos veces seguidas. Para mí, eso significa que Él realmente quiere que lo entendamos. Pedir "cualquier cosa" no me suena tímido o temeroso; suena a confianza en que somos amados y podemos acercarnos confiadamente a Dios sabiendo que somos amados y que Él quiere suplir nuestras necesidades. Dios quiere participar en todo lo que hacemos, y le invitamos a nuestras tareas mediante la oración.

Aquí tenemos una escritura verdaderamente sorprendente:

Ustedes, los que invocan al Señor, no se den descanso.

Isaías 62:6b

Se requiere confianza para realmente recordarle a Dios lo que Él le ha prometido. Imagine a un niño que se acerca a su padre y dice: "Papá, me prometiste que jugarías conmigo a la pelota esta noche". Ese es un hermoso ejemplo de un niño que tiene confianza en el amor de su papá. Pero para mí fue un poco más difícil creer que podía acudir a Dios Padre de esa misma manera, recordándole sus promesas para mí. Con los años he obtenido suficiente confianza para hacer eso, y veo resultados sorprendentes. Ayer mientras oraba, dije algo parecido a lo siguiente: "Padre, tú has prometido darme favor, de modo que espero verlo hoy. Tú has prometido darme fortaleza para hacer todas las cosas, de modo que espero ser vigorizada por tu fortaleza para todas mis tareas hoy. Tú eres mi sabiduría, de modo que espero no hacer nada necio hoy. Tomaré decisiones sabias". Y así continué, recordándole sus promesas a Dios, y tuve testimonio en mi espíritu de que era correcto hacerlo. He decidido tener este tipo de confianza por la fe. Lo hago porque creo que Dios quiere que lo haga y porque es importante para el cumplimiento de su plan, y también usted puede hacerlo.

A continuación tenemos otra escritura incluso más sorprendente:

> ¡Hazme recordar! Presentémonos a juicio; plantea el argumento de tu inocencia.
>
> Isaías 43:26

Estar "en Cristo" es el único mérito verdadero que necesitamos, basándonos en el nuevo pacto. Dios nos bendecirá porque creemos en su Hijo Jesús. La confianza verdadera prosigue y no soltará a Dios. Jacob luchó con el ángel del Señor toda la noche y se negó a dejarle ir hasta que Dios le bendijo.

> ... quedándose solo. Entonces un hombre luchó con él hasta el amanecer. Cuando ese hombre se dio cuenta de que no podía vencer a Jacob, lo tocó en la coyuntura de la cadera, y ésta se le dislocó mientras luchaban. Entonces el hombre le dijo: —¡Suéltame, que ya está por amanecer! —¡No te soltaré hasta que me bendigas! —respondió Jacob.
>
> Génesis 32:24-26

Jacob había sido un engañador, un mentiroso y un estafador, pero quería enmendar las cosas con Dios y con su hermano Esaú, cuya primogenitura había robado.

Obviamente, él tenía la confianza en Dios para luchar con Él hasta que recibiera una bendición. Esto es sorprendente para nosotros, a quienes resulta difícil tener valentía en la oración o para acercarnos a Dios. Pero aquí está en blanco y negro, escrito en la Palabra de Dios. La confianza y la valentía de Jacob le hicieron obtener poder con Dios. ¡Supongo que a Dios le gustó su actitud de confianza!

Hay otros ejemplos de esto en la Biblia. Está la parábola de la viuda que acudió al juez injusto y siguió molestándole hasta que él le atendió. Ella agotó a un juez injusto (Lucas 18:1-8). ¿Cuánto más hará nuestro justo Dios por aquellos que prosigan y no abandonen? Jesús comenzó esta parábola diciendo que sus discípulos "debían orar siempre, sin desanimarse". Él quería que ellos prosiguieran con confianza, y quiere que nosotros hagamos lo mismo. Recuerde: nuestra confianza no está en nosotros mismos, está en Cristo. Deberíamos tener siempre en mente que sin Él no somos nada y no podemos hacer nada que tenga ningún mérito, pero por medio de Él tenemos derecho a acudir confiadamente a Dios en el nombre de Jesús.

Sin confianza somos como aviones que no tienen combustible. Nos quedamos sentados sin hacer nada. Pero con confianza podemos ir a lugares y llevar a personas con nosotros. Podemos disfrutar de nuestro viaje en la vida porque en todo momento tenemos un bendito descanso y quietud para nuestra alma.

Estudie la confianza hasta que esté firmemente fijo en fe en que Dios ciertamente quiere que usted viva con ella. Niéguese a prescindir de ella. ¡Haga que sea un hábito!

CAPÍTULO
16

Conducta 13: El hábito de añadir valor a otros

*Finja que cada persona a la que conoce
tiene una señal alrededor de su cuello
que dice: hazme sentir importante.
No sólo tendrá éxito en las ventas,
sino que tendrá éxito en la vida.*
Mary Kay Ash

Cada uno de nosotros necesita aliento regularmente. Creo que una de las mejores cosas que podemos hacer en la vida es formar el hábito de añadir valor a todo aquel con quien estamos en contacto. Recuerde que un hábito se forma mediante la repetición; por tanto, enfocarnos en hacer esto cada día es la clave del éxito. Si añadir valor a cada persona con quien se encuentre es el hábito que usted quiere desarrollar, sea creativo para encontrar métodos que le recordarán hacerlo.

Si necesita recordatorios, escríbase una nota que tendrá que leer, o haga una señal y póngala en el primer lugar donde usted estará después de levantarse de la cama. Después de ver su recordatorio, le sugiero que incluso diga en voz alta: "Hoy añadiré valor a todo aquel con quien me encuentre". Incluso si alentar a otros no le resulta fácil, puede desarrollar el hábito de hacerlo. Yo lo sé, porque he hecho eso en mi propia vida.

Enfocarnos en añadir valor a otras personas nos ayudará a apartar nuestra mente de nosotros mismos, y eso es algo muy bueno. Estar centrado en uno mismo es la raíz de la mayoría de desgracias del mundo, y cualquier cosa que podamos hacer para evitarlo en nuestras vidas es un añadido. Las personas con mi tipo de personalidad, comúnmente denominado tipo A o colérico, son individuos muy enfocados, pero normalmente se enfocan en lo que intentan lograr. Como resultado de ese enfoque, con frecuencia pueden ser culpables de ser insensibles a las necesidades y deseos de otras personas. Todos los tipos de personalidad tienen fortalezas y debilidades. La tendencia de la persona colérica o de tipo A de ser insensible a otras personas es una debilidad, y debe confrontarse y vencerse con la ayuda de Dios. Nunca deberíamos utilizar a personas para obtener lo que queremos, y si ellos nos ayudan a lograr lo que queremos o a alcanzar nuestra meta, deberíamos darles mérito y valorarles aún más. Esto es algo que Dios me ha ayudado a vencer, y me ha hecho ser un mejor líder y una mejor persona. Estoy segura de que sigo cometiendo errores, pero he hecho mucho progreso a lo largo de los años. Si esto es una debilidad para usted, admítalo y comience desde ahora a vencerlo con la ayuda de Dios. ¡Usted y Él juntos pueden hacer cualquier cosa!

Hay personas a quienes Dios ha dotado de una especial capacidad de alentar a otros. La Biblia dice en Romanos 12:8, al hablar de darnos a ejercitar los dones que tenemos:

"si es el de animar a otros, que los anime; si es el de socorrer a los necesitados, que dé con generosidad; si es el de dirigir, que dirija con esmero; si es el de mostrar compasión, que lo haga con alegría". Incluso si siente que alentar a otros no es un don en particular para usted, sigue siendo responsable de hacerlo. La Palabra de Dios nos enseña que debemos alentarnos los unos a los otros.

Las personas que están dotadas para alentar a otros descubrirán que les resulta algo muy natural. No será un hábito que tendrán que desarrollar, pero afortunadamente puede llegar a ser un hábito para el resto de nosotros.

Dios es la fuente de toda consolación (2 Corintios 1:3). Ya que Dios es un alentador, nosotros deberíamos serlo, porque Él es nuestro ejemplo en todas las cosas. Cada vez que hacemos lo que Dios hace, podemos estar seguros de que estamos haciendo las cosas correctas y que producirán gozo, paz y poder a nuestras propias vidas. Cuanto más aliente usted a otros, mejor se sentirá y más gozo tendrá. Cosechamos lo que sembramos; por tanto, si sembramos gozo cosecharemos gozo. Si sembramos aliento, podemos esperar aliento de parte de otros. Cuando alentamos a otros, eso les edifica y les hace fuertes. Son capaces de proseguir; sin embargo, sin ese aliento podrían llegar a cansarse y abandonar.

> *Tiene usted fácilmente en su poder aumentar la suma total de la felicidad de este mundo ahora. ¿Cómo? Al dar algunas palabras de sincera apreciación a alguien que esté solo o desalentado. Quizá usted olvidará mañana el tipo de palabras que diga hoy, pero el receptor puede que las atesore durante toda la vida.*
>
> *Dale Carnegie*

Se nos ha otorgado un gran poder. Tenemos la capacidad de alentar y añadir valor a todo aquel con quien nos encontremos. ¡Qué maravillosa meta con la que comenzar cada día!

Hay muchas maneras en que podemos alentar a otras personas. Podemos hacerlo con palabras, al contribuir para ayudar a pagar algo que ellos puedan necesitar, y al prestarles ayuda de alguna manera. También podemos alentar a las personas al ser rápidos en perdonar, en cubrir ofensas (1 Pedro 4:8), en retener la crítica y soportando y siendo pacientes con sus debilidades (Gálatas 6:2). Sin duda, agradezco cuando las personas no dan demasiada importancia a mis errores. Es maravillosamente renovador cuando cometemos un error y la persona que fue afectada dice: "No te preocupes por eso, no es un problema. Todos cometemos errores".

Otra manera de añadir valor es escuchar con interés lo que dicen las personas. A ninguno nos gusta cuando intentamos hablar con alguien y obviamente esa persona no está interesada en lo que estamos diciendo. Nos hace sentir devaluados. Desde luego, hay algunas personas que hablan sin parar, y escucharlas durante todo el tiempo que quieren seguir hablando puede que no sea posible, pero al menos podemos salir de la conversación respetuosamente.

Podemos alentar y añadir valor a las personas al mostrarles misericordia. La Palabra de Dios dice que la misericordia es mayor que el juicio. A las personas que observan todo lo que alguien hace mal se les llama criticonas. Parece que siempre observan lo equivocado y siempre lo mencionan, pero raras veces ven lo correcto. Incluso cuando ven lo correcto, su naturaleza crítica evita que hablen de ello. En lugar de mostrar misericordia y no mencionar la falta o el error, lo repiten una y otra vez no sólo a la persona que lo cometió, sino también a otras personas. Les resulta difícil dejarlo y soltarlo, lo cual es parte de la definición de perdón. Sé cómo me afectan las personas que son así, y sin duda no quiero ser una de ellas. ¿Y usted? Jesús tenía el hábito de ser misericordioso, amable y perdonador, y yo también quiero serlo, ¿no quiere usted?

Deberíamos dar mucha importancia a cualquier bien que alguien haga, y aprender a cubrir sus faltas con misericordia. Hagamos que se sientan mejor cuando cometen errores en lugar de hacer que se sientan peor.

Dios se interesa en cómo tratamos a las personas

Estaba yo en una joyería el otro día y un joven estaba limpiando el mostrador sin prestarme atención. Yo quería ver algo que había en el expositor, e incluso cuando le pregunté si podía ayudarme, él no me respondió. Me sentí irritada y volví a preguntarle, pero mi tono de voz podría haber sido más amable de lo que fue. Él finalmente levantó la vista y, cuando lo hizo, pude notar que tenía cierto impedimento mental, y me dijo: "Yo no puedo abrir el expositor, pero llamaré a alguien que pueda hacerlo". Debido a que tenía agachada su cabeza mientras limpiaba el cristal, lo cual probablemente era la tarea para la que le habían contratado, yo no pude notar su estado. Naturalmente, me sentí terriblemente mal por mi actitud impaciente e irritada, y me arrepentí de inmediato. Me seguía sintiendo entristecida por mi actitud incluso una hora después. Puede que él no lo notase, pero Dios sin duda me hizo saber que Él lo notó y no le gustó. ¡Ay!

Dios se interesa por cómo tratamos a todas las personas, y especialmente a las personas que tienen desventaja en algún aspecto. De hecho, verdaderamente creo que el modo en que tratamos a las personas en nuestra vida es muy importante para Dios. Él ama a las personas y quiere que nosotros las amemos como parte de nuestro servicio a Él. Con frecuencia he dicho que la medida de nuestro amor puede verse en el modo en que tratamos a las personas. Quizá uno de los hábitos más grandes y más hermosos que podemos desarrollar es el hábito de ser amables, pacientes, amorosos y añadir valor a cada persona que encontremos. Las personas puede que olviden lo que usted dijo y lo que hizo, pero nunca olvidarán cómo les hizo sentirse. Haga que cada individuo sienta que es importante y valioso.

A continuación hay algo que sucedió y que estoy segura de que puso una sonrisa en el rostro de Dios. La historia se titula "Estás destinado a tener éxito", y el autor es anónimo.

Era otro día gris y sombrío. Yo había regresado a casa de la escuela, me había cambiado de ropa y me había preparado para el trabajo. Trabajo en un restaurante local en la ciudad como cajero, acomodador y limpiador de mesas. Me fui a trabajar sintiéndome decaído. Y para empeorar aún más las cosas, aquella noche tenía que limpiar las mesas. Es lo mismo una y otra vez. Tratar con clientes que se quejan de la comida, de donde se sientan, y que el pequeño pedazo de pastel que se les sirvió es demasiado grande o demasiado pequeño. Pequeñas cosas como esas tienden a molestar mucho a nuestros empleados, pero todos aprendemos a manejarlas. Algunos días es molesto, pero sencillamente supongo que uno se acostumbra. Sé que yo lo he hecho.

Tres mujeres mayores entraron y fueron acomodadas en un rincón al lado de la ventana. Resultó que era el mismo lugar cerca de donde yo limpiaba las mesas y ponía los platos sucios en los carritos. Yo había estado limpiando desde las 5:00 de la tarde, y estábamos bastante ocupados intentando estar al tanto de todas las mesas sucias, personas que entraban y salían, y camareros que corrían por todo el restaurante; era una locura.

Pero aquellas ancianas observaban el modo en que yo limpiaba las mesas y trabajaba realmente duro para asegurarme de que cada mesa quedase limpia y preparada para los siguientes clientes. Cuando terminaron su comida, yo llevé sus platos otra vez a la cocina. Ellas hablaron conmigo durante un tiempo sobre la escuela, cómo me iba, en qué grado estaba, y lo que planeaba hacer en el futuro.

*Cuando se marchaban, pasaron por mi lado y una de ellas me dijo con una voz confiada y amable: "Estás destinado a tener éxito". Y eso fue todo. Ellas se fueron del restaurante, y yo quedé bastante sorprendido. **Tenía lágrimas en mis ojos, porque ellas me dieron una razón para creer en mí mismo.** Ellas levantaron mi espíritu de estar abatido y me dieron una razón para seguir trabajando duro y ponerle todo mi empeño.*

Las personas me decían que yo no podía tener una carrera en la televisión hasta que tuviera un título y hubiera salido de la universidad. Ahora soy productor ejecutivo y coautor de un programa de televisión producido por estudiantes. Acabo de terminar un

*periodo de prácticas en un canal de televisión local
este pasado verano. Y lo mejor es que solamente tengo
17 años y soy alumno de segundo año de secundaria.*

Leer esta historia me produjo convicción con respecto a una mala actitud, porque Dave habla a los camareros y camareras de esa misma manera todo el tiempo, y yo con frecuencia intento detenerle para que podamos pedir nuestra comida o la cuenta. Yo suponía que él les estaba incomodando hasta que leí esta historia, de modo que leerla me enseñó una lección. Ahora tendré que esperar pacientemente mientras Dave les alienta y quizá cambia sus vidas. Hace sólo dos días, él tomó tiempo para hablar con el camarero y con la persona que limpiaba la mesa. Entre medias de que él les hablase a los dos, mientras no había nadie en la mesa sino nosotros, yo dije. "¿Puedes dejar de hacer tantas preguntas a esas personas para que podamos pedir nuestra comida e irnos?". Él dijo: "No, creo que alienta a las personas cuando nos interesamos por ellas y por su vida". Supongo que yo quería que él alentase a las personas sin hablar tanto tiempo para hacerlo. Bien, ¡otra lección aprendida por el camino difícil para la Sra. Joyce!

*Hay personas que parecen vencer obstáculos y
mediante el carácter y la perseverancia haber ascen-
dido hasta la cumbre. Pero no tenemos registro alguno
del número de personas capaces que caen al lado del
camino, personas que, con suficiente aliento y oportunidad, podrían haber hecho grandes contribuciones.*

Mary Barnett Gilson

Considerar esa idea hace que me pregunte cuántas personas podrían lograr grandes cosas, pero las personas a quienes Dios asignó la tarea de alentarlas no pensaron que su parte era lo bastante importante para molestarse en hacerla. Deberíamos intentar ver el potencial en las personas en lugar de ver los problemas. Yo tenía muchos problemas, pero afortunadamente Dave vio el potencial, y él ha sido un inmenso aliento para mí de muchas maneras. La mayoría de nosotros necesitamos a alguien que nos aliente a medida que hacemos nuestro viaje en la vida.

El mundo necesita alentadores, pero tristemente no hay suficientes personas que lo consideren importante, y por eso no se molestan en hacerlo. Añadir valor a cualquiera con quien usted se encuentre puede que sea una de las cosas más importantes que haga en la vida. Puede ayudar a muchos a tener éxito, quienes de otro modo habrían fracasado en sus empresas. La mayoría de personas no dan suficiente valor a cosas aparentemente pequeñas como el aliento, pero no creo que sea algo pequeño para Dios.

Conviértase en una persona que habitualmente alienta a otros, y descubrirá que hacerlo añade gozo a su propia vida.

Animar a otros a proseguir

Deberíamos ser capaces de alegrarnos por las personas cuando tienen éxito. Incluso si están a punto de sobrepasarnos, deberíamos seguir alentándoles.

Cuarenta mil seguidores estaban en el estadio de Oakland cuando Rickey Henderson batió el récord de Lou Brock de bases robadas en su carrera. Según *USA Today*, Lou Brock, que había dejado el béisbol en 1979, había seguido la carrera de Henderson y estaba emocionado por su éxito. Al darse cuenta de que Rickey establecería un nuevo récord, Brock dijo: "Estaré allí. ¿Creen que voy a perdérmelo ahora? Rickey hizo en 9 años lo que a mí me tomó 12. Él es increíble".

Las historias de verdadero éxito en la vida son las de personas que pueden alegrarse por los éxitos de otros. Lo que Lou Brock hizo al alentar a Rickey Henderson debería ser un modo de vida para quienes están en la familia de Dios. Pocas circunstancias nos dan una mejor oportunidad de mostrar la gracia de Dios que cuando alguien tiene éxito y nos sobrepasa en un ámbito de nuestra propia fortaleza y reputación.

Sólo puedo imaginarme lo bien que le hizo sentir a Rickey Henderson tener a Lou Brock en el partido animándole. Todos queremos que nuestros iguales se alegren por nosotros cuando tenemos éxito. Recordemos que no tenemos que competir por tener el lugar número uno en la vida en todas las cosas, y que independientemente de lo buenos que seamos en algo, alguien está en camino de ser mejor que nosotros en lo que nosotros hacemos. Eso es progreso, y deberíamos estar agradecidos por ello. Se dice que las marcas se establecieron para ser batidas, y estoy contenta de que sea de ese modo, para que todos podamos seguir intentando mejorar y alentar a cualquiera que tenga éxito.

CAPÍTULO
17

Conducta 14: El hábito de la disciplina

Quien vive sin disciplina muere sin honor.
Proverbio islandés

A estas alturas, probablemente se haya dado cuenta de que ninguno de estos hábitos puede desarrollarse sin mucha disciplina y autocontrol. Solamente querer mejorar no es suficiente; tenemos que estar dispuestos a disciplinarnos, y eso siempre significa renunciar a algo a fin de obtener algo que queremos más. Nos disciplinamos ahora para una futura recompensa.

> *Ciertamente, ninguna disciplina, en el momento de recibirla, parece agradable, sino más bien penosa; sin embargo, después produce una cosecha de justicia y paz para quienes han sido entrenados por ella.*
>
> *Hebreos 12:11*

Con frecuencia oímos decir a personas: "Yo no soy una persona muy disciplinada", o: "Me gustaría ser una persona más disciplinada". La disciplina nunca llega por el deseo, sino que llega solamente mediante una disposición a soportar lo que es molesto y doloroso a fin de llegar a lo bueno que hay al otro lado de ello. ¿Está usted dispuesto? Supongo que debería detenerse aquí por unos momentos y tomar esa decisión antes de continuar. Si toma la decisión y lo hace en serio, puede depender de que Dios le dé la fortaleza para llevarla a cabo, pero no voy a intentar engañarle al decirle que formar todos estos nuevos hábitos será fácil. Prefiero prometer poco y entregar mucho que prometer demasiado y entregar poco. Si resulta que no es difícil o doloroso, eso es estupendo, pero si resulta ser difícil o doloroso, no quiero que usted salga corriendo porque no tenía ni idea de en dónde se metía.

Algunos de los hábitos que usted necesita romper o formar serán más fáciles que otros, pero sin duda habrá algunos que requerirán una gran disciplina y autocontrol. No tenga temor al dolor, sino recuerde el viejo dicho: "Sin dolor no hay ganancia". Siempre que algo es difícil, dígase a usted mismo: "Estoy haciendo progreso".

Nunca abandone

La mayoría de cosas en la vida no llegan con facilidad y rapidez; y sin duda, la mayoría de cosas que vale la pena tener no llegan de esa manera. Todos hemos oído de Albert Einstein. Él es conocido por su mente brillante, pero dijo: **"No es que yo sea tan inteligente, es sencillamente que me quedo más tiempo con los problemas".**

Creo que una de mis mejores características ha sido que no abandono con facilidad. Es sorprendente lo que usted puede lograr si está dispuesto a perseverar en la parte difícil para llegar a la parte buena. Perseverancia y firmeza son cualidades maravillosas para tener, cualidades que cada persona exitosa sí tiene.

> *La perseverancia es un gran elemento del éxito. Si usted llama el tiempo suficiente y con la suficiente fuerza a la puerta, es seguro que despertará a alguien.*
> Henry Wadsworth Longfellow

Recuerde siempre que nadie puede hacerle abandonar si usted se niega, y nadie puede evitar que usted tenga éxito si no abandona. Lo que quiero decir es que su éxito en la vida o en cualquier empresa está entre usted y Dios. Mientras lo que usted intente hacer esté en la voluntad de Él para su vida, Él le ayudará a hacerlo, si usted hace su parte. He dicho muchas veces: "Somos colaboradores de Dios en la vida. Él siempre hará su parte, ¿pero estamos dispuestos nosotros a hacer nuestra parte?". Oro para que siempre lo estemos.

Algunos de los hábitos en los que usted estará trabajando llegarán con más facilidad que otros, y no creo que tenga una buena respuesta con respecto al porqué. Durante los años en que he estado haciendo ejercicio en el gimnasio con una entrenadora de fortaleza, ella con frecuencia intenta ayudarme a aprender cosas que mejorarán el beneficio del ejercicio que hago, cosas como mantener ciertas posturas, no bajar mis hombros mientras hago ciertos ejercicios, o no bajar mi cabeza sino mantenerla erguida. Algunas de esas cosas se convierten en un hábito después de que ella me lo recuerde solamente dos o tres veces, y otras tiene que seguir recordándomelas después de seis años. Pero ya he decidido que no voy a abandonar a pesar de lo mucho que necesite para hacerlas correctamente.

Una de las cosas que me resulta más difícil de recordar cuando hago mis ejercicios ha sido no hacerlos con demasiada rapidez. Creo que la mayoría de nosotros queremos terminar, y mi personalidad es de todos modos una personalidad que quiere conquistar y seguir adelante, así que entre estas dos cosas he necesitado muchos recordatorios para disminuir el ritmo a fin de que el músculo que estoy utilizando obtenga el beneficio que debe. Bien, la buena noticia es que en el momento en que oigo a mi entrenadora decir: "Más lento", ya sé que ella va a decirlo. Finalmente estoy reconociéndolo yo misma cuando hago las cosas con demasiada rapidez, de modo que eso significa que estoy muy cerca de vencer en esa área. ¡Sí!

Los hábitos son cosas que con frecuencia hacemos inconscientemente, y para romper los malos tenemos que llegar a ser conscientes y darnos cuenta de que los hacemos, y entonces pasar a ser conscientes antes de hacerlos de modo que podamos decidir no hacerlos. Es un proceso, y si es usted una persona que abandona con facilidad, no llegará muy lejos. Por tanto, tome la decisión en este momento de que permanecerá a la larga y que está dispuesto a soportar el dolor para conseguir la ganancia.

Podría estar deseando poder tener un entrenador para todas las áreas de la vida que le recuerde cuando está haciendo las cosas equivocadas de modo que pueda hacer las correctas. Si eso es cierto, entonces tengo buenas noticias para usted. Puede contar con que su entrenador para la vida, el Espíritu Santo, le recuerde siempre cuándo se está relajando en uno de sus buenos hábitos y está comenzando a regresar a viejos hábitos. Él trae cosas a nuestro recuerdo (Juan 14:26).

Los coaches personales se han hecho muy populares

actualmente. Son personas que ayudan a los clientes a aprender a vivir su vida de la mejor manera posible, y su entrenamiento cubre muchas áreas de la vida. Estoy segura de que son una bendición para muchas personas, y si usted quiere pagar a uno puede hacerlo, pero ya tiene al mejor que ha existido nunca, y es el Espíritu Santo. Él nos enseña todas las cosas. Jesús dijo:

> *Pero el Consolador, el Espíritu Santo, a quien el Padre enviará en mi nombre, les enseñará todas las cosas y les hará recordar todo lo que les he dicho.*
>
> Juan 14:26

¿No son noticias maravillosas? No tenemos que intentar hacerlo solos. Tenemos un Ayudador divino que no sólo nos recordará qué hacer, sino que también nos dará fortaleza para poder hacerlo. ¡Apóyese en Él en todo momento! Puedo prometerle que si usted no abandona, Él ciertamente no le dejará.

Cuando esté cansado y tentado a abandonar, sólo recuerde que su victoria puede que esté solamente a un día de distancia.

Cuando comience su viaje de desarrollar mejores hábitos y romper otros malos, podría querer comenzar con un par de ellos en los que podría ser un poco más fácil para usted tener algunas victorias rápidas antes de pasar a otros más difíciles. Sin embargo, no siga postergando los más difíciles demasiado tiempo, o puede que nunca llegue a vencerlos. Los más difíciles son probablemente los que serán más beneficiosos para usted cuando haya obtenido la victoria. Si una puerta es difícil de abrir, no se aleje, tan sólo empuje con un poco más de fuerza.

Disciplina y gozo

Aunque la disciplina no produce gozo inmediatamente, tiene intención de producir gozo al final. Dios quiere que seamos felices; quiere que disfrutemos de nuestra vida, y personalmente no creo que alguna vez sea así hasta que nos comprometamos a una vida de disciplina y autocontrol. Las personas que no pueden controlarse no son personas felices; se sienten mal consigo mismas, son presionadas por sentimientos de culpabilidad y fracaso, y con frecuencia desahogan su enojo y su frustración sobre otras personas. Sin duda, sería mucho mejor pasar por el dolor de aprender disciplina que permanecer en un estado de permanente atadura y desgracia debido al pecado y a hábitos destructivos.

Jesús vino para que pudiéramos tener vida y disfrutarla abundantemente y plenamente (Juan 10:10). ¿Está usted haciendo eso? Si no es así, ¿se debe a un hábito que usted tiene y que necesita ser roto? Si la respuesta es sí, entonces comience. Los expertos dicen que se necesitan de veintiún a treinta días para formar o romper un hábito, de modo que cada día que siga adelante y se niegue a abandonar le lleva un día más cerca de la libertad.

No piense en la dificultad de formar nuevos hábitos, sino en cambio piense en el gozo y la libertad que pronto llegarán. También recomiendo que no cuente cuántos días le quedan antes de que llegue el nuevo hábito. En cambio, es mejor pensar en términos de cuántos días ha practicado hacer lo que quiere que llegue a ser parte de su conducta habitual. Por ejemplo: si disciplinarse a usted mismo para comer refrigerios sanos en lugar de otros azucarados es su meta, entonces piense y hable de lo lejos que ha llegado cada día que ha tenido éxito en lugar de pensar en lo difícil que le resulta prescindir del azúcar. Verbalizar lo difícil que es para usted veinte veces por día solamente hará que sea más difícil, pero verbalizar su gozo al haber tenido éxito un día, dos días, tres días y así sucesivamente le hará feliz. Como ya he dicho, lo que pensamos se convierte en nuestra realidad, así que asegúrese de que sus pensamientos estén en línea con sus deseos definitivos.

La zona de seguridad

Podemos vivir de manera segura o peligrosa, pero si queremos vivir con seguridad, o en lo que me gusta denominar la zona de seguridad, entonces se requieren disciplina y autocontrol. Por ejemplo, si quiero estar segura de la carga de la deuda, debo disciplinarme a mí misma regularmente para no gastar más dinero del que tengo. La facilidad para obtener tarjetas de crédito actualmente permite que las personas gasten en exceso al permitirse gastar hoy los ingresos de mañana. Sin embargo, si hacemos eso, cuando llegue el mañana ya habremos gastado nuestro dinero y tendremos que seguir pidiendo prestado. Es un círculo interminable a menos que aprendamos a no comprar nunca algo que no podamos pagar con comodidad. Si usted quiere utilizar tarjetas de crédito por comodidad está bien, pero liquídelas al final de cada mes. Si no es capaz de hacer eso en este momento, entonces haga que sea su meta y comience a trabajar hacia ello.

Algunas personas están tan acostumbradas a vivir con dinero prestado que incluso la idea de lo que estoy diciendo suena a imposibilidad, pero puedo asegurarle que no sólo es posible, sino que es la única manera segura de vivir. Puede que ya haya estado profundamente en deuda, pero no crea que es demasiado tarde para que pueda hacer algo al respecto. La disciplina de hoy le ayudará a vencer errores del pasado si se mantiene en ello el tiempo suficiente.

¿Está viviendo una vida insostenible? Algunos puede incluso que digan de vez en cuando: "No puedo mantener esto para siempre" cuando se trata del nivel de estrés que hay en su vida, la deuda que sigue aumentando cada vez más, el peso que puede que esté engordando, o cualquier otra área que se haya quedado habitualmente fuera de control. Si usted sabe que no puede mantener esa conducta, entonces ¿por qué postergar detenerla? No será más fácil aunque espere más tiempo, y posiblemente podría ser más difícil.

Precisamente esta mañana el Espíritu Santo me dio convicción en un área de mi vida que necesita más disciplina. He aprendido a lo largo de los años que cuando Dios produce convicción, también da gracia para conquistar. ¡El momento es importante! Es importante que actuemos según el tiempo de Él y no el nuestro. Postergar algo hasta un momento más oportuno normalmente significa que nunca lo haremos o que lo haremos con una gran lucha. Hoy mismo comencé a orar con respecto al área en que recibí convicción y a estudiar la mejor manera de realizar cambios. "Actúe enseguida; ¡no se retrase!".

La vida con límites

La frase: "Quite los límites" es popular en la actualidad, ¿pero es bíblica? No queremos limitar lo que Dios puede hacer en nuestra vida por la incredulidad, pero si ignoramos los límites sanos y sabios, estamos llamando al desastre. Incluso las cosas buenas pueden convertirse en cosas malas si no imponemos ningún límite. Por ejemplo, si usted emplea tanto tiempo en ser bueno con otras personas que no tiene tiempo para ocuparse adecuadamente de usted mismo, su buena intención finalmente le causará problemas de salud y quizá emocionales. Barreras, fronteras o límites son vitales en cada área de la vida. Establecerlos y mantenerlos requiere disciplina y la formación de buenos hábitos. Creo que sí sería seguro decir que la disciplina y los buenos hábitos van de la mano, al igual que lo hacen ninguna disciplina y los malos hábitos.

Algunas personas se estremecen ante la mención de la palabra *disciplina*. Tienen una actitud mental hacia ella que es poco sana y derrotista. Necesitamos ver que esa disciplina es nuestro amigo, y no nuestro enemigo. Nos ayuda a ser lo que decimos que queremos ser, a hacer lo que decimos que queremos hacer, y a tener lo que decimos que queremos tener. Decir lo que uno quiere es fácil y no cuesta nada, pero obtenerlo requiere disciplina. La disciplina no evita que nos divirtamos y hagamos lo que queremos en la vida, sino que en cambio nos ayuda a obtener lo que verdaderamente queremos, que es paz, gozo y buenas relaciones al igual que otras cosas.

Deberíamos amar la disciplina y aceptarla como nuestra compañera en la vida. Deberíamos invitarle a que esté con nosotros en todo momento, porque siempre está lista para mantenernos lejos de los problemas. La Palabra de Dios nos enseña que solamente un necio aborrece la disciplina.

La mayoría de personas que he encontrado y cuyas vidas son como un tren descarrilado no son individuos discipli-nados. Viven por emociones en lugar de vivir por princi-pios, y la sabiduría está lejos de ellos. Finalmente no queda nada sino lamento en su vida por lo que han he o no han hecho. Todos podemos tener el dolor de la disciplina o el dolor del lamento. Las personas sabias se disciplinarán a sí mismas, y eso significa que hacen hoy aquello con lo que estarán contentos más adelante en la vida.

Expectativa

Puede usted mirar al futuro con expectativa si está preparado para poner a trabajar en su vida los principios que hay en este libro. Cada día puede ser una aventura en la mejora en lugar de ser otro día desperdiciado. Todo buen hábito que forme hará que su vida sea mejor, y aumentará su gozo.

He descubierto en mi propia vida que si no emprendo ninguna acción para avanzar, siempre me quedo retrasada. No nos quedamos estancados por mucho tiempo. Dios se está moviendo, y también Satanás, y debemos decidir con cuál de ellos vamos a movernos. El plan de Dios para su vida es increíblemente maravilloso, pero Satanás viene solamente para matar, robar y destruir (Juan 10:10). Leer este libro no le ayudará en absoluto a menos que tome algunas decisiones y las siga, así que es mi oración que esté usted listo para hacer eso. Si lo está, entonces puedo prometerle que usted y Dios juntos son un equipo imbatible.

RESUMEN

Cuando quiera formar o romper un hábito, haga lo siguiente:

- Escoja un área y comience.

- No se sienta abrumado por todos los cambios que son necesarios. Una cosa cada vez, un día cada vez es el mejor plan.

- Sea claro con respecto a lo que quiere lograr.

- Ore y asegúrese la ayuda de Dios.

- Enfóquese en hacer lo correcto, en lugar de no hacer lo incorrecto (vencemos el mal con el bien).

- No espere resultados instantáneos. Esté preparado para comprometerse durante veintiún días, y más tiempo si es necesario.

- Desarrolle un sistema de apoyo para ayudarle a recordar el nuevo hábito que está desarrollando:

    1. Ponga señales donde las verá con frecuencia.

    2. Dependa del Espíritu Santo para recordarle cuándo se desvía.

    3. Pida a un amigo o familiar que le recuerde si está regresando a los viejos caminos.

- Alinee sus pensamientos y palabras con lo que quiere ver suceder.

- Celebre cada día de éxito.

- Cuando cometa errores, sacúdase el desengaño y siga adelante.

- No sea desalentado por lo mucho que le queda por recorrer.

- ¡Nunca abandone!

Vigile sus pensamientos, porque se convierten en palabras.
Vigile sus palabras, porque se convierten en acciones.
Vigile sus acciones, porque se convierten en hábitos.
Vigile sus hábitos, porque se convierten en carácter.
Vigile su carácter, porque se convierte en su destino.

—Anónimo